¡Qué FICO!

12 PASOS PARA REPARAR TU CRÉDITO

Por
Ash'Cash

¡Durante años Ash'Cash ha ayudado a muchas personas a reparar su crédito! ¡Ahora tú también podrás obtener las herramientas para reparar el tuyo!

Publicado por primera vez en los Estados Unidos de América.

Publicado por 1BrickPublishing
Una división de Ash Cash Enterprises, LLC
Impreso en los Estados Unidos
Diseño de Ashanti Hughes (GraphxbyAshanti.com)

ISBN 978-0983448693

Dedicatoria

Este libro está dedicado a los 44 millones de estadounidenses que sufren de mal crédito. Hoy es el comienzo de tu nueva vida.

TABLA DE CONTENIDO

AGRADECIMIENTOS

A mi esposa, Amina, mi hija, TJ, hermana Roz y Mah Duque, gracias por ser una gran parte de mi crecimiento como hombre. Sin ustedes, no sería la persona que soy hoy.

A mi equipo y socios comerciales, gracias por su dedicación y por ayudarme a difundir el mensaje de la responsabilidad fiscal en todas partes. ¡Realmente aprecio todo lo que hacen!

Y a todos mis familiares y amigos, aquellos que han apoyado todos mis esfuerzos, asistieron a mis talleres y apoyaron el Daily Word. Gracias por ser parte importante de mi visión. Sin ustedes, no podía maximizar todo mi potencial.

Un sólo amor,

Ash'Cash

Ash'Cash

Introducción

Hi—Hello—Hola—Bonjour—Aloha—Salaam Alaikum—Shalom—Namaste—Yow Wah Gwaan—and Xin Chào!

Ahora que hemos sacado todas las bromas, déjame ir directo al grano. Como lo dice el subtítulo, este libro contiene 12 pasos para reparar tu crédito. El objetivo es ayudar a quienes tienen problemas de crédito a reconstruir un buen crédito y reiniciar el camino hacia el sueño americano y la libertad financiera. Muchos de nosotros continuamos endeudándonos y no solo nos resulta difícil llegar a fin de mes, sino que también tenemos problemas para cumplir con nuestras obligaciones.

Los pagos faltantes, los incumplimientos, las reposiciones, las ejecuciones hipotecarias y las quiebras causan un daño extremo a nuestro crédito y dificultan nuestra capacidad de volver a ponernos de pie. El mal crédito puede significar mayores tasas de interés, límites de crédito disminuidos ó incluso privilegios de crédito cancelados.

No importa cuál sea la razón de la disminución de tu crédito, este libro te dará instrucciones paso a paso sobre cómo pasar de un mal crédito a un buen crédito en poco tiempo y con un costo mínimo.

En pocas palabras, ¡Qué FICO! es una guía simple para reparar tu crédito. Si sigues estos simples pasos (observa cuántas veces digo "simple"), recuperarás tu crédito y tus finanzas. Este libro es principalmente para quienes han intentado aprender el juego del crédito y lo han hecho sin éxito. También puede ser utilizado por aquellos que acaban de comenzar, con el fin de obtener una mejor comprensión de cómo construir un buen historial de crédito

Así que, ¿por qué estoy escribiendo este libro? Como orador, autor y coach de empoderamiento financiero, formo parte de un movimiento que alienta a las personas a ser social y financieramente responsables. Con mis palabras de inspiración sobre las finanzas y los cambios en el estilo de vida que llegan a millones de personas a diario, desafío a mis lectores a que nunca renuncien y sean lo mejor que puedan ser. Este libro es parte de ese movimiento.

Mi objetivo principal es cambiar la forma en que miras el crédito. Te daré algunos datos sobre el crédito y cómo afectan Tu vida personal, te compartiré tus derechos como consumidor y cómo protegerlos, y finalmente, te daré 12 pasos para recuperar tu crédito.

Esto no es un libro que te llevará semanas para terminar. Está destinado a ser una lectura rápida que puedes terminar en uno o dos días. Voy directamente al grano y te doy elementos accionables que puedes implementar de inmediato, pero no puedo hacer suficiente hincapié en que debes leerlo más de una vez para obtener una buena idea de cómo cambiar tu vida financiera.

Debo informarte, que el crédito puede ser un regalo o una maldición! Si lo usas de la manera correcta, establecerás tu vida financiera en el camino correcto y obtendrás muchos beneficios. Si lo usas de la manera incorrecta, terminará costándote más de lo que puedas imaginar. Conoce y entiende que el crédito es una herramienta. Usa la herramienta correctamente y construye cosas geniales, pero úsala incorrectamente y te lastimará seriamente.

Cuando se trata de arreglar tu crédito, hay muchas opciones. Para arreglar tu crédito de manera efectiva, toma tiempo y paciencia. Pero si estás dispuesto a hacer el trabajo, puedes pasar de malo a bueno, ¡e incluso genial! Algunas compañías y programas cobran miles de dólares para hacer lo que puedes hacer tu mismo. Nuevamente, se trata del tiempo en que estás dispuesto a invertir. Más aún, debes tener cuidado con las personas y empresas que prometen hacer milagros con tu crédito y garantizarte cosas que suenan demasiado buenas para ser verdad. Lo discutiremos en detalle más adelante, pero tu puntaje se calcula por muchos factores, por lo que NO hay una solución rápida para tu crédito. Si alguien garantiza una mejora inmediata en tu cuenta, probablemente es una estafa diseñada para estafar a las personas vulnerables. Muchos son víctimas de estos esquemas debido a la desesperación, pero sin importar cuán persuasivos y atractivos puedan parecer estos servicios, asegúrate de no caer en ellos.

La única excepción a la regla "NO solución rápida" es el repuntaje rápido o Rapid Re-Score. El repuntaje rápido es un servicio legítimo que puede ayudar a cambiar tu crédito rápidamente. Requiere mucho dinero por adelantado y sólo es efectivo si se observan errores obvios en tu informe. Si utilizas el procedimiento repuntaje rápido, es tu responsabilidad demostrar a las agencias de crédito que han cometido un error. Debes proporcionar documentos específicos para probarlo o denegarán tu reclamo. El Rapid Re-Score también requiere que pagues tus tarjetas de crédito para reducir el uso y el índice de deuda, que representa el 30% de tu puntaje. En pocas palabras, este procedimiento ayuda a eliminar errores o informa el cambio en la proporción de la deuda y permite que este cambio surta efecto más rápido. (Tomará entre cinco y siete días hábiles en lugar de los 30 a 60 días normales). De nuevo, es costoso y también es una solución a corto plazo. Si no aprendes cómo mantener adecuadamente tu crédito y tus finanzas, te encontrarás nuevamente en la misma rutina más rápido de lo que te tomó en salir.

No puedo hacer suficiente hincapié en lo mucho que NO necesitas esos costosos procedimientos de reparación de crédito. Una vez que entiendas completamente cómo funciona el juego de crédito, estarás mejor equipado para solucionar tus problemas de crédito. Si, después de leer este libro, aún necesitas ayuda, mi sugerencia sería contactar a muchos de los servicios de asesoramiento crediticio GRATUITO disponibles. Proporciono una lista de recursos al final de este libro. También puedes enviarme preguntas a: Questions@AskAshCash.com

Antes de comenzar, te daré una breve introducción sobre quién soy y por qué estoy calificado para enseñarte cómo arreglar tu crédito. Soy un orador motivacional, consultor de negocios, autor y educador de educación financiera. Viajo por el mundo ayudando a la gente común a poner su vida en orden, ya sea económicamente o proporcionando motivación a través de lecciones de vida. He estado en la banca por más de diez años. Dirigí y administré sucursales para algunas de las instituciones financieras más grandes del mundo, controlando más de $ 400 millones en depósitos a lo largo de mi carrera. Durante mi tiempo en la banca, he ayudado a innumerables personas a recuperar sus finanzas: crédito, propiedad de vivienda, jubilación, banca e inversiones ... y aún lo sigo haciendo hoy en día. También soy un profesional certificado de FICO (FICO PRO), que es una designación nacional que reconoce a las personas que tienen una sólida comprensión de los puntajes FICO® y cómo el puntaje FICO® impacta al prestamista y al consumidor.

Además de mi experiencia profesional, personalmente tuve problemas con el crédito al principio. Mi historia -y la resumiré brevemente- es que a los dieciocho años y aún viviendo con mi madre en un pequeño apartamento de dos habitaciones, decidí usar el crédito para ser llamativo y presumir. Causé que mi puntaje crediticio y mi capacidad de obtener crédito disminuyeran. Compré un televisor de cuarenta pulgadas, un reproductor de DVD con sistema de sonido envolvente (cuando los reproductores de DVD eran nuevos y caros). Digamos que utilicé esta configuración para entretener a mis amigos. Esta irresponsabilidad me salió bastante caro.

A los veintiún años, mi crédito fue cerrado. ¡Tanto fue así que ni siquiera pude aprobar una tarjeta de crédito de una tienda departamental! Mi primer automóvil tuvo que ser alquilado a nombre de mi novia, quien por cierto, ahora es mi esposa. Cuando llegó el momento de conseguir un apartamento, tuvimos que dejar mi nombre fuera de la aplicación para que no nos rechazaran. Al mismo tiempo, soy el mismo hombre que pudo arreglar mi crédito y convertirse en propietario de una casa a la edad de 25 años, usando lo que estoy a punto de enseñarte. Mi calificación crediticia mejoró tanto que pude financiar mi propio automóvil, obtener una tarjeta de crédito importante con un límite alto y comenzar a recibir ofertas de crédito diarias. Mi objetivo es enseñarte estos métodos para que también puedas emprender el camino de la recuperación del crédito

Una cosa más... ¡Mantén una mente abierta, por favor! Si alguna vez lees alguno de mis artículos o libros, notarás que mi objetivo siempre es cambiar tu paradigma. Paradigma, tal como se define en el diccionario Webster, es un conjunto de suposiciones, conceptos, valores y prácticas que constituyen una forma de ver la realidad para la comunidad que los comparte. En pocas palabras, un paradigma es tu sistema de creencias. En mi libro más vendido Mente en orden, Dinero en orden: 10 leyes de libertad financiera, hablo de "Ver más, ser más™"." Es el concepto de" cuanto más experimentas, más te convertirás". Tu sistema de creencias es así porque no has sido expuesto a nada diferente. Mi meta es cambiar eso. Es por eso que es imprescindible mantener una mente abierta.

Algunas personas que crecen en un ambiente sin una educación financiera adecuada tienen el sistema de creencias de "el dinero es difícil de conseguir, el dinero no crece en los árboles, el dinero es la raíz de todo mal" y así sucesivamente. ¡Este tipo de dichos provienen de tener una mentalidad carente y te mantendrán deprimido! Comprende y cree que el dinero llega fácil y sin esfuerzo, y esta creencia, junto con la acción responsable, se convertirá en tu realidad. Las siguientes afirmaciones valen la pena decir en voz alta cada mañana cuando te levantas y todas las noches antes de irte a dormir:

- ***Merezco vivir la vida de mis sueños y estoy abierto a recibir más dinero.***
- ***Mis finanzas mejoran cada día más.***
- ***Siempre tengo dinero más que suficiente para cubrir todas mis necesidades.***
- ***El dinero inesperado simplemente cae en mi regazo.***
- ***Solo atraigo circunstancias lucrativas, agradables y beneficiosas.***
- ***Recibo dinero solo por pensar lujosamente.***
- ***Siempre tendré dinero más que suficiente.***
- ***Cuando abro mi buzón, siempre hay un cheque esperándome.***
- ***Mi cartera está repleta de dinero.***

Al repetir estas afirmaciones diariamente comienzas el proceso de atraer más dinero a tu vida y cambiar tu modo de pensar acerca de cómo ves el dinero. Independientemente de si eres escéptico o no, es imprescindible probarlo durante al menos treinta días. Si no ves un cambio en tu situación financiera, entonces tienes el derecho a ser escéptico. Pero antes de que hayas intentado durante treinta días, ¿qué tienes que perder?

AVISO: *¡No permitas que tu escepticismo te impida darle una oportunidad real! Tu realidad es lo que dices que es, así que si te metes en cualquier situación pensando que no funcionará, eso es exactamente lo que obtendrás. Ten esto en cuenta al comenzar el ejercicio anterior. Henry Ford dijo una vez: "Hay quienes piensan que pueden y los que piensan que no pueden, ambos tienen razón".*

¡Empecemos!

NOTA Antes de comenzar, probaremos tu conocimiento, y veremos lo que ya sabes sobre el crédito. Al final de cada capítulo, se te pedirá que reflexiones sobre lo que acabas de aprender y se te proporcionará espacio para tomar notas.

Prueba de conocimientos

¿Qué es un puntaje de crédito?

¿Cuáles son las calificaciones crediticias?

¿Cuáles son tus puntajes de crédito actuales?

¿Quiénes son los tres proveedores de puntaje de crédito?

¿Qué factores influyen en tu puntaje de crédito?

¿Cómo te afecta tu puntuación de crédito?

¿Qué es un buen puntaje de crédito?

¿Cómo mejoras tu puntuación de crédito?

NOTAS

PARTE I

La historia del crédito y puntajes FICO

El concepto de crédito que es "compra ahora, paga después" ha existido por muchos, muchos años. De hecho, algunos creen que el crédito se remonta a más de tres mil años y comenzó con los egipcios y los babilonios. Entonces, puedes imaginarte que ese crédito, tal como lo conocemos hoy, ha tenido muchas evoluciones. Lo creas o no, no hace mucho tiempo el representante del vagón de bienvenida recogió la información crediticia, que te juzgaría en función de la calidad de tu casa, tus muebles, la opinión de tu personaje, etc. (Los representantes de Welcome Wagon eran anunciantes comerciales que llamaban a la puerta de un nuevo vecino para darles la bienvenida al vecindario). En aquel entonces, si solicitabas un préstamo, las decisiones de préstamo se basaban en lo que figuraba en tu informe, que era la opinión errónea de alguien, y en cómo se sentía por ti el asegurador del banco. Sí, ¡en su corazonada intuitiva! (Otra opinión errónea.) Si no "te veías bien" o si pertenecías a un grupo minoritario o vivías en el vecindario equivocado, entonces las probabilidades de obtener crédito eran mínimas. Hacia fines de la década de 1960, a medida que el crédito se hizo más popular, era imposible que los bancos entrevistaran personalmente a todos los solicitantes o dependieran únicamente de los informes crediticios que utilizaba. Al mismo tiempo, el Congreso había comenzado a investigar casos de discriminación que incluían préstamos para vivienda y las prácticas de los agentes de cobranza. Debido a esto, vimos el nacimiento de tres regulaciones federales que impactarían para siempre el juego del crédito. En 1971, se introdujo la Ley de Informes de Crédito Justos (FCRA), que trataba de garantizar que el informe de crédito fuera preciso, justo y privado. En 1975, se introdujo la Ley de Facturación Crediticia Justa (FCBA, por sus siglas en inglés), que trató de proteger a los consumidores de prácticas de facturación injustas y brindarnos (a los consumidores) una forma de abordar los errores de facturación en nuestras cuentas de crédito renovables. Y, por último, en 1977, presentamos la Ley de prácticas justas de cobro de deudas (FDCPA), que trató de eliminar las prácticas abusivas de los cobradores de deudas y tuvo como objetivo garantizar que lo que figuraba en tu informe de crédito fuera correcto. Estas tres regulaciones obligaron a las agencias de informes de crédito a actuar de una manera más justa, respetable y responsable. Pero, por supuesto, había lagunas.

A medida que la información en el informe de crédito de una persona se estandarizó, los proveedores de crédito comenzaron a confiar en ellos más que en la intuición del suscriptor. Los prestamistas comenzaron a crear sus propios sistemas automatizados de calificación de riesgos, pero debido a que los resultados eran inconsistentes e inexactos, continuaron buscando un sistema que fuera más confiable.

Ingresa a Bill Fair y Earl Isaac, los fundadores de Fair Isaac Company, mejor conocido como FICO. En 1956, comenzaron a FICO como una forma de desarrollar y comercializar su concepto de calificación crediticia. En los primeros años, FICO comercializaba su sistema de puntaje a empresas de servicios financieros que intentaban encontrar una forma más rápida y precisa de tomar decisiones de crédito.

El avance se produjo a fines de la década de los 80, cuando la automatización de software se hizo popular entre muchas empresas. En 1989, FICO introdujo un sistema automatizado de calificación crediticia que se comercializó como "la forma imparcial y consistente de evaluar las solicitudes de crédito, eliminando los prejuicios y el instinto de la ecuación". En términos sencillos, esta fue la manera más precisa, consistente y justa de juzgar la solvencia de alguien. Dado que los prestamistas estaban siendo presionados por el Congreso para deshacerse de las prácticas crediticias discriminatorias, FICO parecía ser la respuesta a sus problemas y el sistema fue adoptado rápidamente por las compañías de tarjetas de crédito y otros emisores de crédito. Este fue el comienzo del reinado de FICO como el principal sistema de calificación crediticia universalmente aceptado. Luego, en 1995, el acuerdo se selló cuando los principales emisores hipotecarios, Fannie Mae y Freddie Mac, estipularon que los prestamistas hipotecarios incorporarían el puntaje FICO en su proceso de aprobación. Esta es la razón por la que hoy el Puntaje FICO es EL puntaje más importante en lo que se refiere a tu crédito.

Sin embargo, FICO no es el único juego en la ciudad. De hecho, en el mercado hay cientos de puntajes vendidos por las agencias de crédito a prestamistas, compañías de seguros, compañías de tarjetas de crédito, propietarios, compañías financieras, compañías telefónicas y cualquier otra entidad que necesite su información para fines comerciales o de comercialización. Hay puntajes que indican a los prestamistas quiénes podrían ser más propensos al impago de una hipoteca existente, a quiénes se les deberían ofrecer tasas de interés más bajas o quiénes deberían tener límites más altos en su tarjeta de crédito. Incluso hay puntajes globales utilizados por las grandes corporaciones que realizan negocios a nivel internacional.

En 2006, se creó Vantage Score en colaboración con los tres grandes burós de crédito: TransUnion, Equifax y Experian, en un esfuerzo concertado para superar el liderazgo de FICO en el mercado. Vantage Score se convirtió en un nuevo modelo de puntaje de crédito genérico, pero exclusivo, comercializado como una "interpretación más consistente" y "puntaje preciso" que FICO. FICO respondió a su competencia en 2009 al crear el puntaje FICO® 8 Score, que afirma que su nueva fórmula mejorará significativamente la capacidad del puntaje para predecir el riesgo crediticio del consumidor. (Hablaremos más sobre esto más adelante.)

A pesar de toda la competencia, y por ahora, el puntaje original de FICO -y no el FICO® 8- continúa siendo el líder claro y el puntaje que más les importa a sus esfuerzos de reparación de crédito. Es un hecho que la mayoría de los prestamistas, con algunas excepciones, usan FICO al tomar sus decisiones de crédito. (Algunos bancos aún realizan suscripciones manuales y la mayoría emplea un cálculo de riesgo interno del cual FICO es solo una parte). A medida que avancemos en este camino hacia la reparación de tu crédito, nos concentraremos en cómo controlar tu Puntaje FICO y hacerlo funcionar a tu favor.

Bondades del puntaje FICO

- *El rango de los puntajes de FICO van de 300 a 850 y por encima de 750 es excelente.*
- *Los puntajes son dañados por la información despectiva informada más recientemente.*
- *La información despectiva reportada hace más de dos años no tiene un gran impacto en tu puntaje.*
- *FICO tiene 88 Factores de Calificación Negativos y solo seis Factores de Calificación Positiva.*
- *FICO mide si una persona se está moviendo hacia ó fuera de la bancarrota.*
- *Solo hay cinco factores básicos de puntuación que puedes controlar.*

NOTA Cuando nos referimos a burós de crédito, a menudo solo hablamos de los tres grandes-Transunion, Equifax, Experian. Pero es importante saber que hay otras agencias de informes además de estas tres, pero la mayoría compra su información de los tres grandes. Entonces, si puedes reparar tu crédito con los tres grandes, básicamente lo repararás con todos. (Sé que dije los tres grandes mucho. Pero, oye, ¡entiendes mi esencia!).

Toma el control de tu crédito o tu crédito te controlará

A menudo escucho a las personas jactarse de que no necesitan ó no usan crédito ó peor aún, que no les importa si su crédito se "estropea". Contrariamente a la creencia popular, NECESITAS crédito porque controla nuestras vidas de muchas maneras ... Controla si podemos obtener préstamos, alquilar un departamento, comprar una casa, conducir ese automóvil soñado ó abrir una cuenta bancaria. Puede impedir que consigas un trabajo ó incluso ese ascenso bien merecido.

Todos sabemos que a veces la vida puede golpearte en la cabeza con un ladrillo. Cuando eso sucede, deben hacerse algunos sacrificios que pueden incluir no pagar temporalmente a algunos de sus acreedores, pero al mismo tiempo debemos comprender que las decisiones que tomamos hoy pueden afectar nuestras vidas durante muchos años.

El buen crédito ó el mal crédito no son estas cosas misteriosas que nos ocurren por casualidad. El crédito es algo que controlamos y, si comprendemos las reglas del juego y practicamos cómo lo jugamos, podemos usar el crédito a nuestro favor para vivir nuestros sueños.

Es por eso que es imperativo que siempre estemos al tanto. Es irresponsable no saber qué hay en nuestro informe de crédito y también es irresponsable que no seamos proactivos para asegurarnos de mantener un buen puntaje. ¡La ignorancia no es excusa y la esperanza no es un plan! Sé diligente para asegurarte de que nada te sorprenda.

¡El crédito es tuyo y solo tuyo! Esto puede sonar duro, pero a nadie le importan tus problemas personales. ¡Al final del día, tus acreedores están en el negocio y quieren que les paguen! Incluso los burós de crédito están ahí por el dinero. De hecho, la deuda de tarjetas de crédito es una industria de $ 2 billones que se basa en compartir tu información valiosa para obtener grandes ganancias. Como se mencionó anteriormente, una fuente de ingresos para los burós de crédito es compilar información sobre tu historial de crédito al consumidor y venderla a posibles acreedores, propietarios, aseguradoras, empleadores y cualquier comprador dispuesto que quiera usarla para enviarte ofertas. Pero, ¿sabías que los abogados también se dirigen a personas con puntajes bajos basados en FICO debido a las tasas y tarifas más altas que saben que pueden cobrar? La mayoría de las personas cree que los puntajes bajos se asocian con bajos ingresos, pero aquellos con mayores ingresos también sufren bajos puntajes. Y, dado el estado de la economía actual, muchas personas que nunca cayeron en esta categoría antes, se encuentran a sí mismas atrapadas sin opciones. Uso el término "atrapado sin opciones" a la ligera porque siempre tienes opciones. Las consecuencias de tus elecciones son las más importantes y si estás dispuesto a pagar el costo. A continuación hay algunos datos interesantes sobre el crédito y cómo controlan nuestras vidas.

Datos crediticios

- *Los estadounidenses gastan mucho, con una tasa de ahorro reportada de solo 3.7% a partir de 2012 y una deuda crediticia total de $ 674 mil millones.*
- *Aproximadamente el 83% de los divorcios se deben a problemas financieros.*
- *El alivio de bancarrota ahora es más difícil de presentar debido a la nueva "prueba de medios".*
- *Los pagos mensuales mínimos para las tarjetas de crédito aumentaron del 2% al 4%, lo que provocó dificultades económicas para los consumidores.*
- *Cualquiera -y todos- tus acreedores pueden cancelar tus tarjetas de crédito o aumentar tus tasas de interés si alguna vez llegas tarde a alguna de tus otras cuentas.*

Calificación crediticia:

750+	A excelente ++
680 – 750	Muy bueno A +
620 – 680	Bueno A
580 – 680	Arriba de satisfactorio B
550 – 580	Arriba de satisfactorio B-
480 – 550	Abajo de satisfactorio

Prueba de conocimientos

¿Qué es el puntaje de FICO?

____

____

____

¿Por qué es tan importante tu crédito?

____

____

____

¿Cuáles son las tres leyes que se crearon para protegerte a ti y proteger tu crédito?

____

____

____

Los puntajes FICO van de ___ a _____ y todo lo que está por encima de _____ es excelente

¿Cómo se tomaron decisiones de crédito en el pasado?

____

____

____

¿Cómo se hizo tan popular FICO?

¿Qué es un puntaje de Vantage y por qué fue creado?

¿Cuál es el propósito de FICO® 8?

NOTAS

PARTE II

Cómo se calcula tu puntaje crediticio

Entonces, la pregunta del millón sigue siendo, ¿cómo se calcula tu puntaje crediticio? Bueno, primero debes saber qué es exactamente lo que está en tu informe de crédito.

¿Qué hay en tu informe de crédito?

Información que te identifique: Tu nombre, número de seguro social, dirección, fecha de nacimiento y el nombre de tu empleador La mayor parte de esta información es proporcionada por ti cuando completas una solicitud de crédito.

Líneas comerciales: Un historial de tus obligaciones de crédito actuales, que incluye todas tus tarjetas de crédito y otras cuentas, la fecha en que las abriste, tu límite de crédito, saldo alto: la cantidad más alta que debes en la cuenta hasta la fecha, saldo actual, pago historia, etc.

Consultas de crédito: Consultas voluntarias e involuntarias, que incluyen consultas de revisión de cuentas de prestamistas actuales, consultas difíciles para nuevos préstamos o solicitudes de crédito y consultas promocionales para compañías de tarjetas de crédito y otras ofertas de ofertas.

Registros públicos: Cualquier bancarrota, ejecuciones hipotecarias, embargos salariales, embargos y juicios.

Cuentas de cobro: Tus cuentas morosas que un acreedor o una agencia de cobro colocaron en un estado de cobro. Las cuentas morosas (desde una factura telefónica hasta una tarjeta de crédito ó una factura médica) son pagos con varios meses de retraso.

Elementos no incluidos en tu puntaje de crédito

Aunque esta información puede aparecer en tu informe de crédito, no se toma en consideración para tu puntaje de crédito:

- *Edad*
- *Raza, color, religión, nacionalidad, sexo ó estado civil*
- *Ocupación, empleador, salario, tiempo empleado*
- *Dónde vives*
- *Tasas de interés cargadas en tarjetas de crédito u otras cuentas*
- *Cualquier artículo reportado como mantenimiento de hijos ó historial de alquiler*
- *Ciertos tipos de consultas, como consultas iniciadas por el consumidor ó consultas promocionales*
- *¿Qué se toma en cuenta al calcular mi puntaje de crédito?*

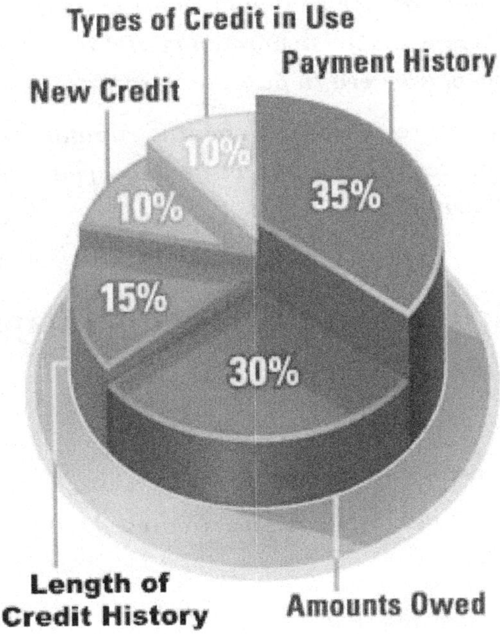

Historial de pagos (35% de tu puntuación)

- *Registro de pago actual de préstamos para automóviles, hipotecas, cuentas minoristas, préstamos en cuotas, tarjetas de crédito y otros en cuentas pagadas según acuerdo.*
- *Registros públicos: bancarrotas, ejecuciones hipotecarias, embargos salariales, embargos y juicios.*
- *Gravedad de la morosidad: la duración del tiempo vencido.*
- *Cantidad vencida en cuentas ó cobranza.*
- *Morosidad reciente ó cobranza.*
- *Número de cuentas vencidas ó derogatorias.*
- *Consejos sobre el historial de pagos.*
- *Asegúrate de pagar tus facturas a tiempo porque los últimos pagos tardíos y las cuentas de cobro tienen el mayor impacto en el puntaje.*

- *Si estás vencido por cualquier motivo, ¡pónte al día AHORA! Mientras más tiempo te mantenga al día y pagues tus cuentas a tiempo, mayor será tu puntaje de crédito.*
- *No te apresures en cerrar cuentas rápidamente. Si lo haces, puedes perder valiosos puntos de puntaje de crédito asociados con esa cuenta.*

Montos adeudados (30% de tu puntaje)

- *Deudas en cuentas de giro*
- *Total adeudado en todas las cuentas*
- *Número de cuentas con saldos*
- *Proporción del saldo de los límites de crédito en cuentas renovables*
- *Proporción del saldo pendiente de las cuentas a plazos*
- *Consejos de las cantidades adeudadas*
- *Mantén tus saldos bajos en tarjetas de crédito y otras cuentas recurrentes. Una regla general es mantener tus saldos por debajo del 30% del límite de crédito o líneas de saldo alto. Por ejemplo, no debes gastar más de $ 300 por cada $ 1,000 que tengas en crédito disponible.*
- *Paga tu deuda en lugar de solo moverla. Una de las maneras más efectivas de mejorar tu puntaje de crédito es pagar los saldos de tus tarjetas de crédito u otras cuentas rotativas. Debiendo la misma cantidad, pero teniendo menos cuentas abiertas puede reducir tu puntaje porque está aumentando tu índice de uso. Mantén tantas cuentas posibles por debajo del 30% de los límites de crédito ó balancea alto como sea posible.*
- *No abras nuevas cuentas para aumentar tu crédito disponible. Esto en realidad puede ser contraproducente y reducir tu puntaje.*

Duración del historial de crédito (15% de tu puntaje)

- *Edad de las cuentas*
- *Número de cuentas abiertas recientemente*
- *Tiempo desde la actividad de la cuenta*
- *Proporción del nuevo crédito vs del crédito establecido*
- *Restablecimiento de nuevo crédito después de problemas de pago adversos*
-

Duración de los consejos de la Historia de Crédito

- *Si solo estás estableciendo tu historial de crédito, evita abrir nuevas cuentas demasiado pronto. Las cuentas nuevas pueden reducir tu puntaje de manera temporal, especialmente si recién comienzas. La acumulación rápida de cuentas puede verse como un riesgo para los acreedores potenciales.*
- *Si tienes problemas con el historial de pagos pasados, vuelve a establecerte tan pronto como puedas. Abrir cuentas nuevas que puedes permitirte pagar a tiempo aumentará tu puntuación de crédito a largo plazo.*
- *Trata de no abrir demasiadas cuentas con los acreedores que se sabe prestan a los consumidores con un historial crediticio menos que perfecto. Hacerlo puede obstaculizar tu capacidad de obtener crédito adicional de prestamistas más tradicionales.*

Tipos de crédito usados (10% de su puntuación)

La cantidad de varios tipos de cuentas, por ejemplo, tarjetas de crédito, cuentas minoristas, préstamos en cuotas, hipotecas y cuentas de finanzas del consumidor. Esto generalmente se llama tu mezcla de crédito.

Tipos de consejos de crédito

Solo aplica y abre cuentas cuando las necesites; no solo lo hagas para tenerlos disponibles. Una buena combinación de créditos es tener tres cuentas renovables abiertas y activas, una o dos cuentas a plazos y una hipoteca.

Nuevos créditos / consultas (10% de tu puntaje)

- ***Número de cuentas abiertas recientemente***
- ***Número de consultas recientes***
- ***Tiempo desde la consulta***
- ***Tiempo desde la actividad de la cuenta***

Tipos de consultas explicadas

Consultas de crédito:

En tu informe aparece una consulta de crédito si se saca un informe de crédito mientras está obteniendo un nuevo crédito o cuando lo solicitan tus actuales prestamistas.

Consultas difíciles

Cuando solicitas una hipoteca, un préstamo para un automóvil, una tarjeta de crédito u otro tipo de cuenta, le autorizas al prestamista a obtener una copia de tu informe crediticio. Este tipo de consultas de crédito aparecen en tu informe de crédito e impactarán tu puntaje de crédito en al menos dos puntos por consulta. Aléjate de solicitar una gran cantidad de crédito a la vez o saltar de prestamista a prestamista para ver quién te aprobará. La única excepción a esta regla es si estás comprando una hipoteca o un automóvil. FICO te ofrece un plazo de 14 días, 30 días o 45 días para comprar y solicitar crédito cuando se trata de una compra de hipoteca o automóvil, por lo que contará las consultas múltiples como una sola.

Consultas de revisión de cuenta y consultas basadas en el consumidor

Este tipo de consultas no afectan tu puntaje de crédito. Cuando eliges extraer tu propio informe de crédito, se considera una consulta basada en el consumidor y no afectará tu puntaje crediticio. (Es por eso que me desconcierta que cada vez más personas no son más conscientes sobre su posición con respecto a su crédito, pero estoy divagando). Muchos acreedores o agencias de cobro tienen la capacidad de extraer tu informe de crédito para revisar la actividad de la cuenta; algunos lo usan para extender más crédito, algunos lo usan para quitarte crédito. Al solicitar un trabajo, los informes de crédito obtenidos por un posible empleador tampoco afectarán tu puntaje.

Consultas promocionales

En muchos casos, una empresa retirará tu informe de crédito para enviarte ofertas de crédito pre aprobadas u otras ofertas promocionales. Este tipo de consultas no afectan tu puntaje de crédito. Puedes darte de baja para evitar que lo hagan, simplemente llama al 888-867-8688.

¿Duración del tiempo que lo siguiente se queda en tu informe crediticio?

- ***Bancarrotas 7, 11 o 13 = 10 años***
- ***Registro público = 10 años:***
- ***Cobranza = 7 años***
- ***Consultas = 2 años***

Puntaje FICO® 8

Como se indicó anteriormente, el puntaje FICO® 8 fue creado en 2009 como una mejora del actual sistema de puntaje FICO y se dice que mejora significativamente la capacidad del puntaje para predecir qué tan arriesgado sería para un consumidor tener crédito. Solo un puñado de acreedores ha adoptado este sistema, y la mayoría aún usa el puntaje FICO original. Mi predicción es que, en algún punto, muchos acreedores comenzarán a usar FICO® 8. La buena noticia es que las acciones necesarias para mantener un buen puntaje FICO® 8 no son muy diferentes de lo que se necesita para mantener un buen puntaje con el sistema actual. Pagar tus cuentas a tiempo, mantener bajos los saldos de las tarjetas de crédito y abrir nuevas cuentas de crédito solo cuando las necesite son formas infalibles de mantener tu calificación crediticia alta sin importar qué fórmula o sistema se uses.

En un esfuerzo por mantenerte informado, las siguientes fueron las cosas que más cambiaron al crear el puntaje FICO® 8.

Uso elevado de la tarjeta de crédito

FICO® 8 es más sensible a las tarjetas de crédito altamente utilizadas. Por lo tanto, si tu informe de crédito muestra un saldo alto cercano al límite de la tarjeta, es probable que pierdas más puntos de los que tenías anteriormente, así que asegúrate de mantener el saldo mensual de la tarjeta de crédito bajo tanto como sea posible.

Pagos tardíos aislados

Si uno de tus acreedores informa al buró de crédito que te retrasaste al menos 30 días con tu pago, es probable que tu puntaje FICO® 8 pierda puntos. Si el pago atrasado es un evento aislado y tus otras cuentas están en buen estado, el puntaje FICO® 8 es más indulgente en comparación con los puntajes de fórmulas FICO anteriores. Sin embargo, si tu informe de crédito muestra numerosos pagos atrasados, lo contrario es cierto y tu puntaje FICO® 8 probablemente perderás más puntos.

Usuarios autorizados de tarjeta de crédito

Cada generación de fórmulas de FICO Score ha incluido cuentas de tarjetas de crédito de usuarios autorizados al calcular el puntaje de una persona. FICO® 8 continúa con esa política. Esto puede ayudar a las personas a beneficiarse de las cuentas de crédito que comparten con un propietario conjunto. También ayuda a los prestamistas al proporcionar puntajes que se basan en una vista completa del historial crediticio del consumidor. Para proteger a los prestamistas y consumidores honestos, la fórmula FICO® 8 reduce sustancialmente cualquier beneficio del llamado alquiler en línea, que es una práctica de reparación de crédito que agrega un consumidor a la cuenta de crédito de un extraño para engañar a los prestamistas y hacerles creer que el consumidor es solvente.

Cuentas de colecciones de saldo reducido

FICO® 8 ignora las cuentas de cobro en dólares pequeños en las que el saldo original era inferior a $ 100.

(Eso no significa olvidarte de esas cuentas ni te da un pase para actuar de manera irresponsable).

Nuevamente te imploro:

- ***Paga tus cuentas a tiempo***
- ***Mantén bajos los saldos de tu tarjeta de crédito***
- ***Y abre nuevas cuentas de crédito solo cuando las necesites***

Prueba de conocimientos

¿Qué se incluye en tu informe de crédito?

___

___

___

¿Qué se necesita para calcular tu puntaje de crédito?

___

___

___

(Marca uno) Verdadero o falso

Si revisas tu propio crédito más de una vez al año, afectará negativamente tu puntaje.

¿Cuánto tiempo permanecen en tu informe de crédito las quiebras, registros públicos, cobros y consultas?

___

___

___

¿Cuáles son las tres formas de administrar tu crédito de manera efectiva?

___

___

___

NOTAS

PARTE III

Tus derechos como consumidor

Entonces, ahora para ver las cosas buenas y la mayor parte de lo que te ayudará a obtener crédito de malo a bueno (o incluso excelente): ¡TUS DERECHOS COMO CONSUMIDOR!

Como se dijo anteriormente, en 1971, se nos presentó la Ley de Informes de Crédito Justos (FCRA), que trató de asegurarse de tener un informe de crédito que sea preciso, justo y privado. En 1975, conocimos la Ley de Facturación Justa de Créditos (FCBA, por sus siglas en inglés) y su propósito era proteger a los consumidores de las prácticas de facturación desleal y brindarnos (a los consumidores) una forma de abordar los errores de facturación en nuestras cuentas de crédito renovables. Y, por último, en 1977, presentamos la Ley de prácticas justas de cobro de deudas (FDCPA), que trató de eliminar las prácticas abusivas de los cobradores de deudas y tuvo como objetivo garantizar que nuestro informe de crédito fuera correcto.

Aunque todas estas leyes todavía están vigentes, al describirlas probablemente notes que utilicé frases como "intenté", "pretendía" y "su propósito era". Esto se debe a que en los últimos 40 años, las agencias de crédito, los prestamistas y las agencias de cobro han ignorado la mayoría de las leyes. Por ejemplo, la información sobre ti debe ser precisa y verificada antes de que se ingrese en tu informe de crédito. Si no se han seguido correctamente procedimientos razonables, todos los elementos no verificados o imprecisiones deben eliminarse de tus informes de crédito según se define en la FCRA. Pero me estoy adelantando... A continuación encontrarás una explicación detallada de las tres leyes federales y cómo te ayudarán en tus esfuerzos de reparación de crédito.

Ley de Informe Justo de Crédito (FCRA)

El Fair Credit Reporting Act o FCRA, como lo llamaremos ahora, es la principal razón por la cual la raza, religión y opinión de la gente sobre ti ya no pueden incluirse en su informe crediticio ni ser la base de una decisión crediticia. También es la razón por la cual "tú" (el consumidor) incluso puedes ver lo que se informa en tu archivo de crédito. Antes de la FCRA, los informes de crédito NUNCA se divulgaban a los consumidores. (¡Sip! Nunca te hubieran dicho por qué te habían aprobado o rechazado, simplemente habían tomado una decisión y tenías que tomarlo o dejarlo). Esto es fundamental, porque lo que FCRA ha hecho esencialmente es garantizar que todos sean tratados de manera consistente y justa cuando se trata de obtener crédito.

FCRA también se asegura de que puedas obtener tus informes de crédito del consumidor a un precio razonable (o de forma gratuita bajo ciertas circunstancias). Regula quién tiene permiso para ver tu informe de consumidor y pone un límite máximo a la cantidad de elementos que pueden permanecer en tu informe: dos años en consultas, siete años para la mayoría de los artículos negativos y 10 años en quiebra y registros públicos.

Una cosa importante a tener en cuenta es que estos son solo límites MÁXIMOS. FCRA no dice que hay un tiempo MÍNIMO que debe permanecer en tu informe de crédito. Básicamente, FCRA te protege contra algo que permanezca en tu informe para siempre, pero no tiene ningún requisito que indique que los artículos deben estar ahí por una duración mínima. Con eso dicho, vale la pena recordar que los informes de crédito no son documentos oficiales del gobierno. Los burós de crédito no son agencias autorizadas oficialmente, sino empresas FOR-PROFIT y, al igual que cualquier otro negocio con fines de lucro, el precio correcto puede hacer cualquier cosa (guiño, guiño).

¿Cómo puede ayudar FCRA en los esfuerzos de reparación de crédito?

Cada vez que disputas un elemento en tu informe de crédito, la agencia de crédito con la que lo disputas (recuerda que solo nos estamos concentrando en los Tres Grandes) debe tener en cuenta que el artículo está siendo disputado dentro de tu expediente. Esto DEBE comenzar una investigación que DEBE completarse dentro de un tiempo RAZONABLE, que según la norma de la industria es de 30 días. La agencia de informes crediticios DEBE informarte qué medidas se tomaron: o bien se verifica (el artículo permanece tal cual), se modifica (ciertas cosas en el artículo se han revisado), se borran (el artículo se elimina de tu archivo) o se considera "(frívolo" (una disposición que le permite al buró de crédito básicamente decir que no estás hablando en serio). En función de su decisión, tú tienes derecho a ejercer otras opciones. (Hablaremos de otras opciones más adelante).

Ley de prácticas justas de cobro de deudas (FDCPA)

¡No puedo comenzar a decirte las cosas que las agencias de cobro harían en un intento de cobrar la deuda! Si alguna vez te has retrasado en una factura y has tenido una agencia de cobros en contacto contigo, estoy seguro de que tienes tus propias historias de guerra. Para ser justos, no todos, pero para la mayoría, las agencias de cobro han sido descorteses, enérgicas, degradantes y manipuladoras. (Algunas todavía lo son.) Algunos cobradores de deudas fueron tan creativos y astutos (lo que quiero decir con astucia, pero estoy tratando de ser amable) que a veces se disfrazan de viejos amigos o, en sentido opuesto, que te critican y te amenazan con el embargo salarial o cárcel. ¿Crees que algunos incluso fingieron ser agencias gubernamentales oficiales que actúan en nombre de tus acreedores? ¡Sip! Esos bastard..... (Lo siento, puedes decir que he sido una víctima)

La Ley de prácticas justas de cobranza de deudas o FDCPA se promulgó para protegerte de este comportamiento abusivo. FDCPA también fue creado para evitar que los colectores te acosen día y noche, hablando con tus vecinos, jefe, madre, hermano, primo o cualquier otra persona sobre tu asunto personal. Incluso he escuchado historias de colectores contactando a tus amigos de Facebook y siguiéndote en Twitter. Ha! Pero espera. ¿No se promulgó FDCPA en 1977? ¿Y no son Facebook y Twitter relativamente nuevos? Sip. Y desafortunadamente, a pesar de que estas leyes están vigentes, porque no sabemos mejor, ¡muchos de nosotros permitimos que esto continúe! Retrasarte con unas facturas o no cumplir ciertas obligaciones no te convierte en un delincuente, por lo que no deberías ser tratado como tal.

Una cosa buena es que FDCPA te permite documentar cualquier abuso (como se indicó anteriormente) y existen sanciones y consecuencias severas para aquellas agencias de cobro que piensan que están por encima de la ley. Otra cosa buena o genial es que la FDCPA te permite exigir pruebas de que un cobrador incluso posee una supuesta deuda. ¡Cha-Ching!

En una palabra:

- ***Las agencias de cobros SOLO pueden contactarte por teléfono entre las 8:00 a.m. y las 9:00 p.m. (hora local).***
- ***Si envías una solicitud por escrito para solicitarle a una agencia de cobro que deje de comunicarte contigo, DEBEN cumplir (a menos que te lleven al tribunal).***
- ***Las agencias de cobro NO PUEDEN llamarte repetidamente o involucrar a alguien en tu hogar, incluyéndote, en una conversación telefónica con la intención de molestar, abusar u hostigar.***
- ***Si avisas a una agencia de cobro que es inaceptable o está prohibido por tu empleador, las agencias de cobro NO PUEDEN comunicarse contigo en tu lugar de empleo.***
- ***Las agencias de cobro NO PUEDEN contactarte si saben que***

estás siendo representado por un asesor legal.

- *Si le solicitas a la agencia de cobranza a través de una solicitud por escrito que valide tu deuda (demuestra que tienen derecho a cobrar), DEBEN dejar de comunicarse contigo hasta que te proporcione esta validación o el nombre y la dirección del acreedor original.*
- *Las agencias de cobro NO PUEDEN tergiversar tu identidad o engañarte para que pagues tu deuda. Por ejemplo, diciendo que son un abogado o un agente del orden público.*
- *Las agencias de cobro NO PUEDEN publicar tu nombre o dirección en ninguna de las llamadas listas de "deudas incobrables".*
- *Las agencias de cobro NO PUEDEN pedirte que pagues ninguna cantidad injustificada de dinero que no estaba cubierta en el contrato original o que no está permitida por la ley.*
- *Las agencias de cobro NO PUEDEN amenazarte con arrestos o acciones legales que no están permitidas o que no tienen ninguna intención real de seguir.*
- *Los representantes de la agencia de cobros NO PUEDEN usar lenguaje obsceno o abusivo mientras hablan contigo en referencia a tu deuda.*
- *Las agencias de cobro NO PUEDEN comunicarse con terceros ni revelar información específica sobre tu deuda (que no sea tu cónyuge o abogado).*
- *Las agencias de cobro NO PUEDEN reportar información falsa en tu informe de crédito o amenazar de hacerlo mientras intentan cobrar una deuda.*

¿Cómo puede ayudar FDCPA en tus esfuerzos de reparación de crédito?

Es importante tener en cuenta que las agencias de cobro son una empresa con fines de lucro que ganan dinero recaudando deudas. De hecho, la mayoría de tus acreedores originales intentarán cobrar el dinero que debes utilizando sus cobradores internos, pero si no tienen éxito, venderán tu deuda a una agencia de cobros por centavos por cada dólar. Por ejemplo, si tienes una cuenta con Macy's y les debes ... digamos ... $ 1,000. Macy's hará todo lo posible para recaudar lo que debes, pero después de tantos intentos fallidos, venderán tu deuda de $1,000 a la agencia de cobro ABC por $200 y anularán la diferencia de $ 800 (reconocen la deuda como una pérdida). Esta es la razón por la cual las agencias de cobro siempre se arreglan rápidamente contigo; saben que incluso si les das $500 de la deuda de $1000, todavía ganan porque compraron tu deuda por $200. Algunas veces, si una agencia de cobranza no tiene éxito en cobrar la deuda, se la venderán a otra y luego a otra y luego a otra. Es por eso que notarás que diferentes compañías intentan cobrar la misma deuda y ahí radica su poder.

FDCPA detalla específicamente tu derecho a solicitar más información sobre cualquier supuesta deuda. ¡Esto es lo que la industria llama validación de deuda y es increíblemente poderoso en tus esfuerzos de reparación de crédito! Comprende que tienes derecho a impugnar la exactitud de cualquier deuda. Una vez impugnadas, las agencias de cobro de deudas DEBEN responder de cierta manera o bien DEBEN dejar de contactarte y ELIMINAR cualquier información relacionada a esa deuda de tu informe de crédito. Analizaremos la validación con más detalle más adelante, pero puede convertirse en la herramienta central que utilizas para eliminar elementos negativos de tu informe de crédito (e incluso los que son válidos, pero no oíste eso de mi).

Ley de Facturación Justa de Créditos (FCBA)

Al igual que la forma en que FDCPA te protege de las agencias de cobro, la Ley de Facturación Justa de Crédito o FCBA te protege de tus acreedores originales. Simplemente requiere que tus acreedores te facturen de manera correcta y completa y te absuelvan de CUALQUIER responsabilidad en caso de que se haya cometido un error. Los siguientes son ejemplos de errores de facturación según la FCBA:

- ***Cargos que NO HIZO***
- ***Cargos que son por la cantidad INCORRECTA***
- ***Cargos por bienes o servicios que NO recibiste***
- ***Cargos por bienes NO entregados según lo acordado***
- ***Cargos por bienes que fueron DAÑADOS en la entrega***
- ***FALLA en reflejar adecuadamente los pagos o créditos a una cuenta***
- ***ERRORES de cálculo***
- ***Cargos por los que deseas ACLARACIÓN o que solicitas PRUEBA de***
- ***Declaraciones enviadas por correo a la dirección incorrecta***

¿Cómo puede ayudar FCBA en sus esfuerzos de reparación de crédito?

La Comisión Federal de Comercio es el órgano rector que aplica la FCBA y, aunque prohíbe todo lo que indiqué anteriormente, la parte más útil relacionada con tus esfuerzos de reparación de crédito es el hecho de que la comisión exige a sus acreedores originales que ASUMAN LA RESPONSABILIDAD por los INFORMES INCORRECTOS y para las actividades ILEGALES de los cobradores de deudas de terceros afiliados. ¡En un lenguaje sencillo, se exige a los acreedores originales que asuman la responsabilidad de las cosas sospechosas que hacen los cobradores de deudas a quienes le vendieron la deuda! ¡Cha-ching! ¡Cha-ching!!!

¡Tus Derechos de Consumidor Son Sólo El Principio!

Conocer tus derechos y usarlos a tu favor es una gran parte de recuperar tu crédito. Pero como verás en los 12 pasos, eso es solo el comienzo. Nada jamás reemplazará el ser responsable. Siempre sucederán cosas en la vida que parecen estar más allá de nuestro control, pero la preparación adecuada y la toma de decisiones responsable siempre te mantendrán en el buen camino.

Sin más preámbulos: ¡12 PASOS PARA REPARAR TU CRÉDITO!

Prueba de conocimientos

¿Qué significa FCRA y cómo te protege?

____

____

____

(Circula uno) Verdadero o falso

FCRA establece un límite máximo de cuánto tiempo pueden permanecer los artículos en tu informe de crédito, pero no exige un mínimo.

Nombra tres cosas que las agencias de cobro NO PUEDEN hacer de acuerdo con FDCPA

____

____

____

¿Cuál es la herramienta más poderosa que FDCPA te ofrece en tus esfuerzos de reparación de crédito?

____

____

____

¿Créditos Cómo te protege la Ley de Facturación Justa de?

¿Quién es el órgano de gobierno que aplica la FCBA?

NOTAS

PARTE IV

12 Pasos para reparar tu crédito

Ahora que entiendes cómo funciona FICO, no perderé más tiempo. Los siguientes son 12 pasos que debes implementar de inmediato para reparar tu crédito y retomar el camino hacia la libertad financiera.

Antes de comenzar, ve a www.AnnualCreditReport.com para solicitar una copia GRATUITA de tu informe de crédito de los tres mayores burós de crédito. AnnualCreditReport.com es el ÚNICO sitio oficial que te brinda tu informe de crédito GRATIS. (El sitio está patrocinado por los tres grandes porque por LEY le exige que te proporcione un informe gratis cada año). No te dejes confundir por todos los otros sitios de informes de crédito que promueven darte un informe / puntaje GRATUITO o obtener algo GRATIS en su nombre; la mayoría en realidad te cobra una tarifa después de un período de prueba inicial.

NOTA

www.AnnualCreditReport.com SOLO te ofrece tu informe de crédito GRATIS. Si deseas obtener tu puntaje, tendrás que pagar para obtenerlo. CADA UNA de las tres oficinas de crédito tiene su propio sitio web que te ofrece acceso a tu puntaje por una tarifa nominal.

Paso 1- Elimina los errores de tu informe de crédito:

Lo más importante que debes hacer con tus informes de crédito es revisarlos para verificar su precisión. Ya es bastante difícil pagar tus propios errores, pero tener que pagar por los de otra persona es absolutamente inaceptable. Recuerda, tus derechos como consumidor declaran que la información sobre ti debe ser precisa y verificada antes de ingresarla en tus informes de crédito. Si no se han seguido correctamente los procedimientos razonables, cualquier elemento no verificado o imprecisiones y / o información errónea u obsoleta DEBE eliminarse de tus informes de crédito según lo definido en FCRA.

Información inexacta es cualquier información que no puede ser verificada por la oficina de crédito y / o el acreedor.

Información errónea es cualquier información ingresada en tus informes de crédito debido a error humano (como un error de ingreso de datos), error de discrepancia de número de seguro social, error de archivo mixto, error de nombres similares, no se siguieron los procedimientos razonables cuando se ingresó la información en tu informe de crédito, o cualquier otro error relacionado. Esto sucede más a menudo de lo que piensas. ¡Estas son las razones por las que es importante verificar tu informe a menudo!

La información obsoleta es cualquier información que está más allá del estándar de la industria de siete años o diez años de bancarrota y registros públicos.

Una vez que identificas cualquier información inexacta, errónea u obsoleta en tu informe de crédito, debes ponerte en contacto, por escrito, con la (s) agencia (s) crediticia (s) INMEDIATAMENTE.

> **NOTA** No todos los acreedores ni las agencias de cobro informan a las tres oficinas (Big Three), por lo que es posible que la información contenida dentro de una no esté en las otras. Por eso es imperativo que revises en las tres oficinas (Big Three).

Pasos para resolver errores:

1. Escribe una carta a las oficinas de crédito indicando qué información crees que es inexacta. Una vez que lo hagas, ellos DEBEN investigar los artículos dentro de los 30 días, a menos que consideren que tu disputa es frívola.
2. Incluye copias, no originales, de cualquier documento para respaldar tu reclamo. Además, incluye tu nombre completo, dirección y número de seguro social.
3. Identifica claramente cada elemento de tu informe al que está refutando, establece los hechos, explica por qué está disputando la información y luego solicita una eliminación o corrección. Deberás adjuntar una copia de tu informe de crédito con los elementos cuestionables marcados con un círculo o claramente marcados.
4. Envía tu carta por correo certificado con acuse de recibo, para que puedas documentar que la (s) agencia (s) crediticia (s) recibió (n) toda tu correspondencia. Guarda copias de tu carta de disputa y recintos.

NOTA ¡NUNCA UTILICES LA OPCIÓN DE DISPUTAS ELECTRÓNICAS DE INTERNET EN EL SITIO WEB DE LOS BURÓS DE CRÉDITO!. Al hacerlo, renuncias a muchos de tus derechos. Para utilizar el servicio del buró de crédito, debes aceptar sus términos y condiciones en el sentido de que si un artículo disputado se devuelve "verificado", no tienes derecho a volver a disputar el artículo. Verás en el siguiente paso por qué es importante reservar este derecho.

Además, **NUNCA DEBES UTILIZAR UNA PLANTILLA DE INTERNET PARA TUS DISPUTAS**. La mayoría de los burós de crédito usan un sistema informático para escanear cualquier carta y, si se trata de una plantilla de Internet, pueden denegar tu reclamo y afirmar que tu consulta es frívola. La mejor opción es usar las siguientes letras de muestra como guía. Pero usa tus propias palabras y escríbelas a mano con tinta negra o azul.

Modelo de Carta de Eliminación de Errores:

Fecha
Tu nombre
Tu número de Seguro Social
Tu dirección
Tu ciudad, estado, código postal

Departamento de quejas
Nombre de Buró de crédito
Dirección
Ciudad, estado, código postal

Estimado señor o señora:

Estoy escribiendo para disputar la siguiente información en mi archivo. Los artículos que impugno también están rodeados en la copia adjunta del informe que recibí.

Este ítem [identificar artículo (s) disputado por nombre de fuente, como acreedores o tribunal fiscal, e identificar el tipo de artículo, como cuenta de crédito, juicio, etc.] es [incorrecto o incompleto] porque [describe lo que es incorrecto o incorrecto incompleto y por qué]. Estoy solicitando que se elimine el elemento [o solicita otro cambio específico] para corregir la información.

Se adjuntan copias de [utiliza esta oración, si corresponde, y describe cualquier documentación adjunta, como registros de pago, documentos judiciales] que respaldan mi posición. Por favor, reinvestigue este [estos] asunto (s) y [elimine o corrija] los artículos disputados lo antes posible.

Atentamente,

Tu nombre

Documentos adjuntos: (Lista de lo que se adjunta)

También debes escribir al (los) acreedor (es) o a la (s) organización (es) que proporcionaron la información inexacta, errónea u obsoleta, explicándoles que estás disputando la información enviada a la (s) agencia (s) crediticia (s). Incluir copias de los documentos que apoyan tu reclamo. Asegúrate de enviar esta información a tu departamento de disputas; la mayoría tiene direcciones específicas para disputas. También envía esta información por correo certificado con un recibo de retorno solicitado.

El proceso de eliminar errores de tu informe de crédito puede tomar entre 30 y 90 días. Si el (los) acreedor (es) u organización (es) que proporcionaron la información inexacta, errónea u obsoleta informan la misma información a los burós de crédito, se DEBE incluir un aviso de tu disputa. Solicita también que el proveedor de información te copie en cualquier correspondencia que se envíe a las oficinas.

NOTA En muchos estados, una vez que se ha producido una disputa, serás elegible para recibir un informe de crédito gratis directamente de las agencias de crédito. Esto se hace para que puedas verificar la información actualizada. Comunícate con la agencia de crédito apropiada para ver si calificas para este servicio. (La información de contacto para los burós de crédito se proporciona en la sección de recursos de este libro).

Paso 2 - Elimina elementos negativos de tu informe de forma legal y permanente

Esta es la parte del libro donde muchas de las compañías de reparación de crédito van a encogerse porque estoy revelando sus secretos. Como se dijo, muchos de ellos cobran miles de dólares por un servicio que tu mismo puede hacer, todo lo que necesitas es paciencia y seguimiento. Este proceso es simple, pero debo advertirte que debes hacerlo de la manera correcta o las oficinas de crédito te negarán tu pedido y lo llamarán frívolo, que es el término que a menudo usan para decir que no estás hablando en serio.

Para dejar las cosas claras, las oficinas de crédito son negocios privados con fines de lucro. No son una agencia del gobierno y seguramente no una caridad creada para el mejoramiento de los acreedores. Dicho esto, como agencias no gubernamentales con fines de lucro, están LEGALMENTE obligadas por la FCRA y DEBEN seguir la ley para proteger a los consumidores. FCRA establece que SÓLO se les permite tener elementos negativos en tu informe de crédito si son 100% exactos y verificables.

Dictionary.com define precisa como "libre de error o defecto; consistente con un estándar, regla o modelo; preciso; exacto".

Verificable simplemente significa posible para verificar o capaz de mostrar la prueba de. Cuando FCRA utiliza "precisa" significa que TODA la información DEBE estar CORREGIDA (nombre, número de seguro social, fecha de apertura de la cuenta, cantidad adeudada o números de cuenta).

Según Bankrate.com, aproximadamente el 70% de TODOS los archivos de informes de crédito tienen errores en ellos, por lo que es muy probable que los tuyos también los tengan.

Las oficinas de crédito también TIENEN QUE asegurarse de que la información que se informa en tu informe de crédito sea VERIFICABLE para cuando lo solicites (dentro de los 15 días a partir de la fecha en que concluyen la investigación).

Las oficinas de crédito también DEBEN, a solicitud tuya, proporcionarte el MÉTODO DE VERIFICACIÓN, que incluye el nombre, la dirección y el número de teléfono de la organización que proporcionó la verificación, así como la prueba de que recibieron una copia del contrato ORIGINAL con fecha con tu FIRMA en él.

Así que aquí está la buena noticia. Al igual que muchas empresas con fines de lucro que reducen gastos en un intento por ahorrar dinero, las agencias de crédito utilizan un proceso electrónico estándar y automatizado de disputas, que se procesa fuera del país. Esto casi garantiza que NO TIENEN la información verificable necesaria para validar tu deuda si les preguntas. ¡Ah-ha! ¡Este hecho poco conocido y tu derecho a solicitar un MÉTODO DE VERIFICACIÓN A PRUEBA es tu arma humeante!

Durante años, las oficinas de crédito NO HAN cumplido con la ley y, debido a que la mayoría de los consumidores no conocen sus derechos, las agencias de informes de crédito se salieron con la suya. ¡Simplemente solicitando un MÉTODO DE VERIFICACIÓN puede obligarlos a cumplir y, a su vez, eliminar cualquier elemento negativo no verificable de su informe de crédito! ¡Cha-Ching!

Al usar este método, les está diciendo a los burós de crédito que conoces tus derechos y exiges que se les trate de manera justa. Sin embargo, también les indica que comprendes que, como no pueden verificar el artículo, DEBEN eliminarlo o presentarás una queja ante la Comisión Federal de Comercio, que regula las oficinas de crédito.

NOTA Solo puedes utilizar la solicitud MÉTODO DE VERIFICACIÓN después de enviar una carta de disputa a las agencias de crédito y recibir una respuesta "verificada" o "nueva información debajo" de ellos.

Una vez más, insisto **¡NUNCA USES LA OPCIÓN DE DISPUTAR EN INTERNET EN LA PÁGINA WEB DE UNA OFICINA DE CRÉDITO!** Al hacerlo, renuncias a muchos de tus derechos. De hecho, para utilizar el servicio del buró de crédito, se requiere que aceptes sus términos y condiciones que, si un artículo disputado se devuelve "verificado", no tienes derecho a volver a disputar el artículo.

También recuerda que las disputas DEBEN enviarse por correo certificado con la confirmación de la entrega. En el caso de que tengas que presentar un reclamo ante la FTC, debes mostrar una prueba de que los burós de crédito recibieron su correspondencia. Otro hecho poco conocido es que los burós de crédito preferirían eliminar ítems que perder tiempo yendo y viniendo con la FTC.

Pasos para eliminar los elementos negativos:

1) Escribe una carta de disputa y envíala a cada agencia de crédito. (Las direcciones a las oficinas de crédito se proporcionan en la sección de recursos de este libro).

Asegúrate de enviar la carta a TODAS las tres oficinas de crédito, no solo una.

RECUERDA: NUNCA DEBES UTILIZAR UNA PLANTILLA DE INTERNET PARA TUS DISPUTAS. La mayoría de las agencias de crédito utilizan un sistema informático para escanear cartas y, si se trata de una plantilla de Internet, pueden denegar tu reclamo e indicar que tu consulta es frívola. La mejor opción es usar la carta de muestra como guía, pero usa tus propias palabras y escríbelas a mano con tinta negra o azul.

NOTA La carta de disputa en el paso anterior (Paso 1- Elimina errores de tu informe de crédito) es eliminar ERRORES de tu informe. El que se usa en este paso es ligeramente diferente porque está intentando eliminar elementos NEGATIVOS de tu informe y debe incluir verbosidad sobre la verificación.

Carta muestra para la Eliminación de Elementos Negativos:

Fecha
Tu nombre
Tu número de Seguro Social
Tu dirección
Tu ciudad, estado, código postal

Departamento de quejas
Nombre de Buró de crédito
Dirección
Ciudad, estado, código postal

Re: Información incorrecta en mi informe de crédito

Estimado señor o señora:

Estoy escribiendo para disputar la siguiente información en mi archivo.

1. Acreedor ABC, cuenta #1234567
2. Acreedor DEF, cuenta #89765

Debido a la inexactitud de esta información, estoy solicitando que la elimine de mi archivo.

También proporcione la descripción del procedimiento que usó para determinar la exactitud y la integridad de los elementos anteriores dentro de los 15 días posteriores a la finalización de su investigación.. Según la ley federal, tiene 30 días para completar su investigación.

Gracias de antemano por su atención inmediata a este asunto.

Atentamente,

Tu nombre

Después de enviar la carta, debe tomar cerca de 30 días para recibir una respuesta. Si un buró de crédito responde con una carta que indica que el (los) elemento (s) se borran, ¡genial! ¡Has ganado! Si se trata de otra decisión, procede al # 2 a continuación.

NOTA Si los burós de crédito borraron algo, y no todos, usa el siguiente paso para los que quedan. NO menciones los que han sido eliminados.

2) Si recibes una respuesta "verificada" o "nueva información debajo" de las oficinas de crédito, envíales una carta de "Método de verificación".

RECUERDA: NO UTILICES UNA PLANTILLA DE INTERNET. Usa la siguiente carta de muestra como guía, pero usa tus propias palabras y escríbelas a mano con tinta negra o azul.

Modelo de carta de Método de Verificación :

Fecha
Tu nombre
Tu número de Seguro Social
Tu dirección
Tu ciudad, estado, código postal

Departamento de quejas
Nombre de Buró de crédito
Dirección
Ciudad, estado, código postal

Re: Solicitud para proporcionar el Método de Verificación

Estimado señor o señora:

En [Insertar fecha original de la disputa], solicité una investigación de los elementos de mi informe que no se informaron legalmente, y el [Insertar fecha de respuesta], recibí una carta que indica que su investigación estaba completa. Por favor explique cómo llevó a cabo su investigación.

1. Por favor, ¿explique lo que descubrieron sus representantes para conducirlos a creer que usted está informando de este tema como legalmente debe ser reportado?

2. ¿Qué documentos certificados fueron revisados para concluir su investigación?

3. Proporcione una copia completa de toda la información que se transmitió al proveedor de los datos como parte de la investigación.

4. ¿Cuánto le costó a su empresa obtener los documentos necesarios para completar su investigación?

5. Proporcione comprobante de su adquisición oportuna de documentos certificados.

6. ¿Habló directamente con algún agente de la compañía que reportaba la información para confirmar la exactitud de lo que está reportando?

7.Si respondió afirmativamente al número 6 anterior:

a. ¿Con quién habló?

b. ¿En qué fecha?

c. ¿Cuánto duró la conversación?

d. ¿Cuál era su puesto de trabajo?

e. ¿A qué número de teléfono llamaste?

f. ¿Cuál es el nombre del empleado de su compañía que habló directamente con la parte de arriba?

g. ¿Cuál es el puesto de trabajo del empleado de su empresa que habló directamente con la parte de arriba?

h. ¿Cuánto tiempo se ha empleado a dicho empleado por su empresa?

i. ¿Qué capacitación formal se le brindó a este empleado para investigar artículos de este tipo?

j. ¿Hubo algún correo electrónico o comunicación escrita entre los miembros de su compañía y la parte de arriba?

8. Si ha habido comunicaciones por escrito, proporcione copias de toda la correspondencia, copias de toda la documentación concluyente para demostrar que, de hecho, realizó una investigación razonable de la cuenta en cuestión.

9. Proporcione la fecha del comienzo de la morosidad.

10. Proporcione la fecha ESPECÍFICA que informa que estos artículos cesarán.

Esta información inexacta me ha causado una gran angustia financiera y emocional.. Por favor responda dentro de los 15 días a las preguntas anteriores o elimine los artículos.

Atentamente,

Tu nombre

3) Si las agencias de informes de crédito no pueden verificar el artículo pero se niegan a eliminarlo, o no responden a tu consulta dentro del plazo deseado, envía una carta de intención para presentar una queja formal ante la FTC.

Carta muestra de Aviso de Intención:

Fecha
Tu nombre
Tu número de Seguro Social
Tu dirección
Tu ciudad, estado, código postal

Departamento de quejas
Nombre de Buró de crédito
Dirección
Ciudad, estado, código postal

Re: Información incorrecta en mi informe de crédito

Estimado señor o señora:

Re: Carta de disputa fechada [fecha de la carta inicial], y Carta de seguimiento fechada [fecha de la segunda carta]

AVISO DE INTENCIÓN PARA PRESENTAR UNA QUEJA FORMAL A LA FTC

Esta carta servirá como aviso formal de mi intención de presentar una queja ante la Comisión Federal de Comercio (Federal Trade Comission o FTC), debido a que no ha respondido a mis dos cartas anteriores solicitando una corrección en mi expediente crediticio.

Como lo indican las copias adjuntas de las cartas y los recibos de correo, ha recibido de mi parte, por correo certificado, una carta de disputa fechada [fecha de la carta inicial], así como una carta de seguimiento, con fecha [fecha de la segunda carta].

Estoy seguro que conoce el requisito de la Ley de Informes de Crédito Justos de responder a las disputas de informes crediticios del consumidor dentro de los 30 días, y que la FTC investiga las quejas por falta de respuesta. Le he aconsejado en dos ocasiones distintas, hace más de 75 días y nuevamente hace 40 días, que han estado reportando información errónea sobre mí. Para propósitos de registro y su beneficio, reiteraré mi disputa:

Línea del elemento: [incluir nombre del acreedor, número de cuenta o número de pedido]

Descripción del elemento: [esta información se encuentra en tu informe de crédito]

Corrección solicitada: Por favor elimine el anterior artículo (s)

El elemento anterior es completamente [inserta la palabra adecuada: inexacto, incorrecto, incompleto, erróneo, engañoso, desactualizado] y debe corregirse inmediatamente. He adjuntado una copia del informe de crédito de su organización con fecha [inserte la fecha del informe aquí] y, para su comodidad, he marcado con un círculo los elementos descritos anteriormente.

De no tomar medidas inmediatamente para resolver este problema, me veré obligado a presentar una queja formal ante la FTC. Además, tengo la intención de buscar reparación en un tribunal para recuperar daños, costos y honorarios de abogados, en caso de no responder.

Además, espero que me proporcionen una descripción del procedimiento utilizado para determinar la exactitud y la integridad de la información impugnada, además de proporcionarme un historial de crédito corregido, un listado de todos los acreedores que hayan recibido una copia de mi informe de crédito dentro del los últimos seis meses y los últimos dos años con fines de empleo, y el nombre, dirección y número de teléfono de cada otorgante de crédito u otro suscriptor que haya recibido una copia de mi perfil crediticio en los últimos seis meses.

En dado caso que su investigación fuese negativo, le agradecería enviarme la descripción del procedimiento utilizado para determinar la exactitud e integridad de la información a mi dirección descrita arriba.

Si tienen alguna pregunta sobre este asunto, me puede contactar al [insertar el número de teléfono de día, incluido el código de área].

Atentamente,

Tu nombre

Siendo sinceros, todo deberá resolverse después del paso dos, pero enviar la intención de presentar una carta de queja debe funcionar. Por lo general, los burós de crédito preferirán eliminar los elementos que perder el tiempo yendo y viniendo con la FTC.

En el raro caso de que envíes la tercera carta y tu elemento aún no ha sido eliminado, te sugiero presentar una queja real ante la FTC y permitirles investigar el caso.

NOTA La paciencia será tu mejor amigo al realizar este procedimiento. Al principio puede que parezca tedioso y lento, pero te prometo que el esfuerzo valdrá la pena. El ver tu puntuación de crédito subir de 80 a 100 puntos debido a elementos negativos que han sido eliminados es algo por lo que vale la pena esperar.

Paso 3 - Crea un presupuesto

Una de las principales razones por las que muchas personas se sienten endeudadas es porque NO presupuestan sus gastos adecuadamente. Hacen un mal trabajo al planificar cómo asignar sus fondos y terminan gastando dinero a medida que surgen las cosas. Muchas de esas cosas incluyen el gasto impulsivo, el cual deja poco dinero para las necesidades y las obliga a pedir prestado para cubrir la diferencia. Crear un presupuesto contribuye a tu camino hacia el éxito. No solo te permitirá calcular cuánto dinero puede asignar para el pago de tu deuda, sino que también te asegurará que no regresarás a endeudarte en el futuro. La regla general es que el pago de la deuda no debe ser mayor al 40% de tu ingreso neto, el cual se refiere al ingreso neto después de impuestos y deducciones. Pero mi recomendación es que elabores un presupuesto que puedas SEGUIR, y después puedas revisarlo mensualmente para medir tu éxito. Ajusta tu plan según tus hallazgos (de ser necesario) con el objetivo final de aumentar tus ahorros y reducir tus deudas.

Pasos para crear un presupuesto:

1) Escribe tus metas financieras

Si no sabes hacia dónde te diriges, ¡ningún camino te llevará hacia tu objetivo! Es importante que establezcas tus metas financieras antes de tiempo para que puedas seguir tu avance. Obviamente, debido a que te encuentras leyendo este libro, sabemos que uno de tus objetivos financieros es el reparar tu crédito. Pero aún después de conseguirlo, piensa en cómo generar ahorros, comprar un nuevo hogar, donar a organizaciones benéficas u otros objetivos. Sea lo que sea, asegúrate de anotarlas, tanto a corto como a largo plazo, y revíselas mensualmente (o cuántas veces lo necesites) para mantenerte motivado y enfocado.

2) Haz un seguimiento de tus gastos por un mes

Al crear presupuestos, muchas personas se engañan a sí mismas al incluir solo gastos regulares como renta, servicios de teléfono o la electricidad.

Sin embargo, no se dan cuenta que precisamente los pequeños gastos no contabilizados, por ejemplo, ir de compras de manera constante o los gastos por servicio de taxi innecesarios son los que los descarrilan. Monitorear tus gastos durante un mes aliviará la amnesia involuntaria y te ayudará a reconocer tus hábitos de gasto para tapar posibles fugas. Todo dólar deberá contabilizarse. Cada centavo que sale de tu bolsillo (o tarjeta de débito) debe anotarse en un pequeño diario, en el libro de cheques o en una nota adhesiva. Cuando digo CADA CENTAVO, me refiero a CADA CENTAVO, ¡sin importar cuán pequeño sea la cantidad!

Para asegurarte que no se te escape nada, también necesitarás obtener y conservar todos tus documentos importantes. Esto debe incluir todos los estados financieros, inversiones, talones de pago, declaraciones de dividendos, anualidades, manutención de niños, pensión alimenticia, absolutamente todo. Cualquier cosa que pagues de manera mensual y todo lo que recibas como ingreso. Esto te ayudará a organizarte para crear el presupuesto con precisión y comprender realmente tu balance final.

Balance final = Ingresos - Gastos

3) Decide cómo se asignarán tus fondos

Una vez que sepas a dónde se va tu dinero, podrás tomar una decisión informada sobre cómo asignarlo de mejor manera. Mucha gente comete el grave error de tratar de ser demasiado conservador. Creen que crear un presupuesto trata de privaciones, por lo que eliminan todo aquello que es considerado divertido (al menos en papel) y piensan que pueden seguir el presupuesto al pie de la letra. ¡POR FAVOR NO HAGAS eso!

La regla número uno al configurar tu presupuesto es NO recortar toda aquello que es diversión en tu vida. Tu presupuesto debe ser realista. ¡Trabajas duro por tu dinero, así que debe existir un equilibrio entre el trabajo y la diversión! Los presupuestos que no tienen en cuenta el entretenimiento están condenados al fracaso.

Existen muchas pautas para asignar un presupuesto que puedes seguir, pero, debido a que la situación de cada persona es distinta, te sugiero utilizar aquello que probablemente puedas seguir. Recuerda que tu asignación de deuda no exceder el 40% de tu sueldo neto y DEBERÁS pagarte primero para poder asignarlos para ahorros y emergencias. Tener dinero ahorrado para emergencias con una duración de seis a ocho meses de gastos es un buen inicio, así que asegúrate de incluir esto como uno de tus objetivos a corto plazo.

4) Determina el método de presupuesto y las herramientas que utilizarás y elabora tu presupuesto

Decida qué método de presupuesto utilizarás, manual o electrónico. ¿Papel y lápiz o software? ¿Sobres o banca en línea? ¿Tablero en seco o Excel? La verdad no importa cuál elijas, solo asegúrate que sea fácil de usar. Una vez que decidas, ingresa / anota todas las fuentes de ingresos que recibas, después ingresa / anota todos tus gastos y registra todo lo que tiene que pagar cada mes.

Suma todos tus ingresos y gastos para asegurarte que los gastos no superen los ingresos. Si el ingreso es mayor que los gastos, felicidades, tiene un resultado positivo y más dinero para ahorrar y pagar cualquier deuda. Ahora bien, si los gastos son mayores que los ingresos, tu balance final será negativo y deberás realizar los ajustes INMEDIATAMENTE. Existen tres formas en que puedes aumentar tu balance final:

1) Reducir gastos

2) Aumentar ingresos o

3) Hacer ambas cosas!

Para reducir los gastos, primero trata de minimizar o limitar las cosas que no son una necesidad.

5) Ajusta tu presupuesto al inicio de cada mes, si es necesario.

Incluso la Constitución de los EE. UU. tiene enmiendas, así que no pienses, ni por un segundo, que solo deberás crear tu presupuesto una vez y ese será el fin de la historia. Asegúrate de ser flexible y estar alerta ante cualquier cambio de la vida. El proceso de presupuesto es un proceso de por vida, así que sigue ajustándote y sigue viviendo dentro de tus posibilidades.

Revisa tu presupuesto mensualmente para verificar tu avance en algunos de tus objetivos a corto y largo plazo y realiza todos los ajustes necesarios a medida que cambien. Recuerda nuevamente, el objetivo es salir de las deudas y poder ahorrar más. Al pagar tu deuda, NO regreses a ningún mal hábito anterior. Tener dinero extra no es un pecado ... ¡pero la autodisciplina será la clave! Aprende a ahorrar más y a controlar tus impulsos.

Ejemplo de Formulario de Presupuesto

MY HOJA DE PRESUPUESTO SEMANA:________________

Ingreso:	**Monto:**
Dinero de bolsillo:	________
Ingresos:	________
Regalos (cumpleaños/días feriados)	________
Otros:	________
Ingreso total:	________

Gatos Fijos:	**Monto:**
________________	________
________________	________
________________	________
________________	________
Gastos fijos totales:	________

Ingreso Total – Gastos Fijos Totales = ________

Otro/Gastos No Esperados	**Monto**
________________	________
________________	________
________________	________
________________	________
________________	________
________________	________
________________	________
________________	________
Total De Otros Gastos:	________

Paso 4 – Negociar con tus acreedores y agencias de cobro

En este punto, cualquier cosa que aún está en tu informe de crédito ha sido validado, lo que significa que es de tu total responsabilidad. Si es se trata de un artículo negativo que ya has pagado, entonces realmente no hay nada que puedas hacer, sino esperar y dejar que se refleje en tu informe crediticio- 7 años para elementos negativos, 10 años para quiebras y registros públicos. Si aún debe dinero y puede pagar por completo o hacer arreglos de pago, ¡entonces cuentas con un verdadero poder para poder negociar!

Como mencioné anteriormente, tus acreedores están en el negocio de ganar dinero ... y por el precio y las circunstancias correctas, ¡y puedes desaparecer casi todo!

(¡Por cierto, aún seguimos hablando de crédito! Jajaja¡) Tus acreedores no son agencias gubernamentales y en NINGUNA parte en la ley se exige que los elementos negativos DEBEN informarse. Dicho esto, cuando un acreedor o una agencia de cobro le informa a las burós de crédito, lo hacen voluntariamente y pueden, teóricamente, eliminar o modificar lo que informan para tener un impacto menos negativo. Si puedes convencerlos de que lo hagan.

En esencia, la gravedad de lo que el acreedor o la agencia de cobranza decide informar es a su discreción o incluso si deciden informarlo. Por lo tanto, es de tu mejor interés el ser proactivo al tratar con tus acreedores y agencias de cobro. Al contactarlos y estar listo para realizar un pago completo o algún tipo de acuerdo de pago, a veces trabajarán contigo o se compadecerán en enviar la información a los burós de crédito. Ten en cuenta que es algo que una acreedor o una agencia de cobro NUNCA hará automáticamente. Tendrás que estar listo para negociar, y esta es la forma de hacerlo:

1) Decide cuánto es lo máximo que puedes pagar por cada deuda que irás a negociar.

Si puedes pagar una suma importante, entérate la cantidad que estás dispuesto a pagar. O si solo puede pagar los pagos mensuales, también asegúrate de conocer esa cantidad. De cualquier manera, deberás estar listo para realizar un pago. Es importante tener en cuenta que tiene más poder para negociar si puedes liquidar tu cuenta de un solo pago, en lugar de utilizar un plan de pago.

2) Decide llamarle a tu acreedor o agencia de cobranza preguntando sobre la deuda.

Actúa muy curioso y sorprendido por la cantidad que te mencionen. Intenta ser cooperativo y estar dispuesto a corregir tus errores. No te pongas a la defensiva y no seas grosero, incluso si ellos deciden mostrarlo. No permitas que sean insistentes o te asusten. Entiende que su trabajo es cobrar la deuda por cualquier medio. En otras palabras, lo que trato de decir es que deberás ser humilde y no dejar a relucir tu ego. Recuerda que tu objetivo es pagar la deuda o establecer un plan de pago sin que se refleje negativamente en tu informe de crédito, por lo que no es el momento de preocuparte por tus sentimientos. Esto puede requerir tragar un poco tu orgullo, pero una vez hecho te darás cuenta que valió la pena. Una pieza importante a recordar es que, incluso siendo humilde, DEBERÁS mantenerte seguro en todo momento. El momento en que te muestres tímido o temeroso será el momento en que perderás cierto poder de negociación. La clave es permanecer profesional en todo momento y no intimidado.

3) Averigua qué es lo que el acreedor o agencia de cobranza está dispuesto a aceptar como un acuerdo.

Solicitarles pagar entre el 50 y el 70 por ciento de lo que debes es en realidad una oferta razonable. Nuevamente, es más probable que obtenga una respuesta favorable si puedes pagar la suma total, pero aún así tienes una buena oportunidad si todo lo que puedes hacer es establecer un plan de pago. He visto a gente lograr esto en una llamada y a otros les tomó varias rondas de negociación. No te preocupes y no te rindas fácilmente. Si tu solicitud es denegada, solicita hablar con un supervisor que quizá cuente con más autoridad para llevar a cabo las cosas. Una vez que se otorgado tu solicitud de conciliación, solicítales que la liquidación sea informada a los burós de crédito como pagada en su totalidad o eliminada por completo de tu registro. (Por lo general, las agencias de cobro solo aceptarán eliminar un registro si la deuda se paga en su totalidad, y no resuelta, pero vale la pena intentarlo).

4) Solicita cualquier acuerdo por escrito.

Tu trabajo será proteger tus propios intereses, así como para los acreedores o las agencias de cobranza es el proteger los suyos. Jamás pienses ni por un segundo que alguien que trabaje para un acreedor o agencia de cobranza tiene tus intereses en mente. Independientemente de lo que te digan, a ellos no les importa tus problemas y menos les importarás tú.

Simplemente quieren recolectar el dinero que se les debe a ellos o a la compañía a la que representan. Habiendo dicho eso, ¡NUNCA confíes en su palabra por NINGUNA razón! Aunque generalmente mencionan: "Esta llamada puede ser monitoreada o registrada con fines de garantía de calidad", no interpretes eso como que están obligados a hacer lo que te dicen. Si lo dijeron verbalmente, pero no de manera escrita, jamás sucedió. Una obtenida una confirmación verbal sobre tu acuerdo, envía tu oferta de negociación por escrito y define todos los términos o solicítales que hacer lo mismo. Asegúrate de pedirles que firmen e incluyan una copia del contrato y que te lo devuelvan para que puedas guardarlo como comprobante. Además, asegúrate de comprender exactamente a qué te estas comprometiendo, de lo contrario, consulta a un abogado o asesor de crédito.

5) Realiza tu pago según lo acordado

Ahora que tienes todo por escrito, será hora de cumplir tu parte del trato. NUNCA les des tu información bancaria a tus acreedores o agencias de cobro si puedes evitarlo. He escuchado historias de horror sobre personas cuyas cuentas han sido vaciadas por parte de las agencias de cobro y después han pasan por un momento difícil tratando de recuperar su dinero. Cuando te pregunten cómo deseas pagar, explícales que pagarás con un cheque o giro postal. Si insisten en un pago con tarjeta de débito o en una cuenta de cheques para configurar giros automáticos, asegúrate de abrir una cuenta específica para esa deuda y solo transfiere dinero según sea necesario.

BONIFICACIÓN Lo anterior se refiere específicamente a los elementos en tu reporte de crédito que están vencidos, pero si experimentas o prevés tener problemas con las cuentas que están al día y pagados según lo acordado, entonces existen muchas opciones que podrás usar para negociar un término más asequible.

Si tienes problemas para pagar, ¡asegúrate de contactar a tus acreedores INMEDIATAMENTE! Y no después de innumerables llamadas de acoso, pero tan pronto te des cuenta que no podrás realizar los pagos. Ser proactivo puede funcionar a tu favor, ya que muestra disposición de tu parte en pagar tus obligaciones y le indica a tu acreedor que no estás jugando sino que estás atravesando por problemas financieros. He visto casos en los que las personas pudieron negociar un pago mensual más bajo, diferir uno o más pagos, cero recargos por mora y multas, reducir su tasa de interés o reestructurar su préstamo para que el pago les sea más asequible.

Si puede negociar un mejor término, asegúrate de solicitarles que te envíen una carta que lo confirme.

Paso 5 – por lo menos paga la cantidad mínima de adeudo en tus cuentas de crédito (¡y a tiempo!)

Sé que esta demás decir, pero NO accedas a una cantidad de resolución que NO puedas pagar. Solo se verá reflejado negativamente en tu crédito y te meterá en un agujero más profundo. Previamente, pudiste observar en el desglose cómo funciona la puntuación de FICO, el historial de pago es el factor número uno en tu puntuación de crédito que puedes controlar y es una tercera parte de tu puntaje.

Además del hecho de pasar tu valioso tiempo llamando, enviando correos y negociar mejores términos, no realizar el seguimiento GARANTIZARÁ que elementos negativos sean colocados en tu informe y será casi imposible volver a negociar por segunda vez.

Es por eso que es sumamente IMPORTANTE establecer tu presupuesto y seguirlo religiosamente, ANTES de negociar con tus acreedores y agencias de cobro. Tu presupuesto te proporciona un modelo de cuánto puedes pagar y alivia la posibilidad de no poder cumplir.

PRECAUCIÓN Si no tuviste éxito en negociar un acuerdo o eliminar un mal dato en tu informe, NO te apresures en pagarlo, especialmente si se cancelará pronto en tu informe. Como ya mencioné reiteradamente, los elementos negativos permanecerán en tu reporte de crédito por siete años. Lo mejor de los puntajes FICO es que cuanto mayor tiempo sea la deuda, menos impacto tendrá en tu puntaje ACTUALMENTE. Recuerda, según la ley FCRA, las cuentas de cobro negativo SÓLO pueden permanecer en tu informe de crédito durante siete años desde que se dejó de pagar la cuenta, el cual se refiere a la fecha de la primera morosidad.

Anteriormente, si terminabas de pagar una cuenta de cobro anterior, se renovaba la fecha de la actividad reciente y generaba un impacto negativo en tu puntaje de crédito al permanecer en tu informe durante otros siete años a partir de la fecha en realizaste el pago. Pero con las recientes mejoras hechas por FICO, saldando deudas anteriores o dejándolo, no afecta tu calificación porque el sistema FICO ahora sabe cuáles son morosidades antiguas y cuáles son nuevas. (Existen penas menores para aquellas que son antiguas).

El único momento que recomendaría pagar deudas antiguas que están por vencer pronto (dos años y medio o menos) es si estás en el proceso de obtener un nuevo crédito. Los prestamistas NO únicamente toman en cuenta tu puntaje de FICO al tomar decisiones sobre préstamos, sino que también analizan otros factores que indican si eres o no apto para un crédito. Tus patrones de pago son importantes y los prestamistas te evaluarán en función de tu compromiso de cumplir con tus obligaciones financieras. Muchos ven el pago de antiguas deudas como un signo de buena voluntad y una indicación de que has cambiado tus modos. A los prestamistas les encanta ver que incluso si tuviste algunos contratiempos en el camino, eres lo suficientemente responsable como para pagar lo que debes.

Paso 6 – Prioriza tu deuda

Ahora que tienes una idea sobre los elementos negativos y vencidos que estaban afectando tu crédito, será momento de pagar tu deuda para reducir tu índice de uso. Como repaso rápido, tu índice de uso es la suma de dinero que debes en comparación con la cantidad que tienes disponible. Por ejemplo, si tiene una tarjeta de crédito con un límite de crédito de $1,000 y usas $500, tu índice de uso de la deuda es del 50%. Como puedes recordar del desglose del puntaje de FICO, el uso de la deuda es el 30% de tu puntaje, por lo que lo hace el segundo factor más importante para tomar el control al intentar reparar tu crédito o mantener un buen historial crediticio. Como regla general, tu índice de uso debe estar entre 20% y 30%. Cuanto menor sea la relación, será mejor visto por las agencias de crédito. La forma más sencilla de cambiar tu proporción es pagando tus saldos y NO cerrar cuentas.

La mayoría de las personas que se concentran en pagar la deuda piensan en el paso más lógico, pagar la deuda con la tasa de interés más alta. Sin embargo, snowballing o priorizar es precisamente lo opuesto. Muchos asesores financieros se avergüenzan de esto, pero yo (incluso otras personas de renombre) dirían ¡OLVÍDATE de la tasa de interés! Administrar la deuda y tus finanzas es tan psicológico como práctico. El concepto de priorizar una deuda es simplemente pagar tu deuda más pequeña primero y después usar el dinero de la deuda pagada para abordar la siguiente más pequeña. Hacer esto te da algunas pequeñas victorias desde el inicio, lo que ayuda a construir la percepción de que estás progresando. Independientemente de las tasas de interés, si tienes diez cuentas de crédito y puedes pagar tres de ellas en cuestión de meses, te brinda la confianza y la motivación que necesita para tener éxito.

Pasos para priorizar la deuda:

1) Usando la hoja en la página siguiente, haz copias o descárgala en www.WhatTheFico.com/SnowBall- haz una lista de todas tus deudas en orden, desde la más pequeña hasta la más grande. Nuevamente, ¡olvídate de la tasa de interés! (El único momento en que debería preocuparte con la tasa de interés es si dos deudas tienen los mismos saldos de pago. En ese caso, paga

la deuda con la tasa más alta).

2) Realiza el pago mínimo de todas tus deudas, salvo la más pequeña. Con lo que te sobra, paga la más pequeña con la máxima cantidad posible y tan pronto como puedas. Cada vez que obtengas algo de dinero extra, deberás seguir pagando la deuda más pequeña hasta que desaparezca.

3) Cada vez que logres pagar una deuda, agrega lo que estabas pagando como pago mínimo a tu próximo pago de deuda, más cualquier cantidad adicional que tengas disponible.

4) Vuelve a completar la hoja cada vez que logres pagar una deuda para que puedas ver cuán cerca estas de estar libre de deudas. ¡Asegúrate también de guardar las hojas viejas como recordatorio!

Debt Snowball

Item	Total Payoff	Minimum Payment	New Payment

Paso 7 – Deja algunas cuentas de crédito abiertas (pero empieza a cortar las tarjetas)

Ahora que has comenzado a eliminar tu deuda, no desearás a volver a encontrarte en la misma rutina al sentirse tentado con todo el crédito que ahora tienes disponible. Para quitarte la tentación, tiene dos opciones: cerrar las cuentas o cortar las tarjetas. Para tener un historial de crédito saludable, deberás tener al menos cinco líneas de crédito abiertas y en buen estado. También sugiero que tengas al menos una o dos tarjetas de crédito abiertas para emergencias. Al cerrar cuentas, asegúrese de ÚNICAMENTE cerrar una o dos cuentas cada seis meses más o menos. Los acreedores notarán los movimientos repentinos como una bandera roja que les puede indicar algunos problemas con tu estabilidad financiera. Al decidir qué cuentas mantener abiertas o cuáles cerrar, conserva al menos una o dos cuentas más antiguas para que puedas aprovechar el historial de crédito. (Recuerda, el tercer factor más importante en tu puntaje de crédito es la duración del historial de crédito).

Pasos sobre cómo decidir si mantener o cerrar cuentas:

1) Echa un vistazo a tu informe de crédito e identifica todas las cuentas de crédito pertinentes (Esto incluye todas las tarjetas de crédito, líneas de crédito con garantía hipotecaria y cualquier otra cuenta que te permita utilizar los fondos conforme sean pagadas).

2) Suma tus límites de crédito y saldos pendientes.

3) Divide tus saldos pendientes por tus límites de crédito y utiliza ese número para determinar tu índice de uso.

4a) Si tu proporción es entre 20 y 30%, deja todas las cuentas abiertas y continúa pagando la deuda.

4b) Si tu proporción es más baja (0% - @ 20%) enumera tus cuentas empezando por la fecha en que fue abierta. Vuelve a calcular tu proporción eliminando la cuenta más reciente para ver si aún se encuentra entre el 20% y el 30% o menos. De ser así, está bien cerrar esa cuenta.

5) Determina qué o cuáles tarjetas utilizarás para casos de emergencia, después corta los demás. Toma las tarjetas y colócalas en un tazón. Llena el recipiente con agua y después colócalos en el congelador. Sé lo que estás pensando, ¡pero estoy hablando en serio! Esto eliminará cualquier tentación. En caso de una emergencia, tendrás que romper el tazón o derretir el hielo.

Paso 8 – Obtén una tarjeta de crédito asegurada

Con un historial de pagos del 35% de tu puntaje de crédito, es imposible reconstruir un buen crédito sin restablecer un historial de pagos positivo. Tus acreedores querrán saber que eres solvente, pero con tus pasados problemas crediticios aún en tu cabeza, los acreedores serán reacios en otorgar nuevos créditos sin ver que hayas adoptado nuevos hábitos ... ¡hablando de un círculo vicioso! ¡Bueno, no tengas miedo! Una tarjeta de crédito asegurada puede ayudarte a restablecerte y comenzar a alcanzar la libertad financiera.

Es un hecho que agregar buenas líneas de crédito a tus perfiles de crédito aumentará tu puntaje de crédito. Eso es lo que hace que una tarjeta de crédito asegurada sea una herramienta poderosa. Por ejemplo, si tuvieras que añadir una buena cuenta de crédito a tu perfil y eliminar una sola cuenta mala, tu puntaje podría aumentar hasta en 80 puntos con solo esos dos movimientos.

Entonces, ¿cómo funciona una tarjeta de crédito asegurada? Simplemente, el banco emisor de la tarjeta de crédito requerirá que deposites dinero a una cuenta de ahorros o CD (Certificado de depósito). Ese dinero se pondrá en espera y se utilizará como garantía en caso de incumplimiento y no puedas devolverlo. Tu depósito ganará intereses y se mantendrá en tu cuenta respectiva hasta que el prestamista decida que eres lo suficientemente solvente para una tarjeta no garantizada.

El prestamista generalmente tarda entre un año y 18 meses en darte una tarjeta no asegurada, pero se basa en tu historial de pagos. Específicamente, qué tan bien pagaste tus cuentas a tiempo y si mantuviste tu índice de uso por debajo del 30%. En el caso de que determinen que eres solvente, te devolverán tu depósito más intereses, y te otorgarán una tarjeta de crédito basada únicamente en tu solvencia crediticia y sin garantía.

Todas las tarjetas de crédito aseguradas no se crean por igual. A continuación se detallan los pasos necesarios para decidir cuál te funcionará mejor:

1) Averigua quién ofrece una tarjeta de crédito asegurada.

Consulta la lista de emisores de tarjetas de crédito con garantía a través de

Bankrate.com para tener una buena idea de quién ofrece qué. Si perteneces a una unión crediticia, como deberías estarlo, pregúntales acerca de tus productos de préstamos asegurados. La mayoría de las uniones de crédito las ofrecen y pueden otorgarte una tasa de interés más baja y / o no cobrar ninguna tarifa anual.

2) Compara las diferentes tarjetas para determinar qué tipo de cargos se realizarán.

Todas las tarjetas aseguradas cobran una tarifa anual, pero busca una que no cobre una tarifa por solicitarla. ¡Asegúrate de LEER la letra pequeña! Las tarjetas aseguradas están diseñadas para aquellos con mal crédito o sin crédito, por lo que algunos prestamistas inescrupulosos se han aprovechado de incluyendo tarifas ocultas en letra pequeña. Al comparar, busca aquellos con las tasas de interés y tarifas más bajas.

3) Asegúrate de elegir un prestamista que informe a los tres buros de crédito más importantes.

Seamos claros, la ÚNICA razón por la que querrás o necesitarás una tarjeta de crédito asegurada es para reconstruir tu crédito. Si el prestamista que has elegido no les reporta a los tres buros de crédito, entonces no tiene ningún propósito hacerlo. Al tomar una decisión sobre qué prestamista elegir, asegúrate de preguntar si les reportan a los tres burós más importantes. Además, averigua si el emisor de la tarjeta marcará tu tarjeta o les informará a los buros de crédito que cuentas con una tarjeta asegurada. Si lo hacen, busca un emisor que no lo haga. El hecho de que cuentes con una tarjeta asegurada debe ser solo entre tú y el prestamista. La mayoría de las buenas tarjetas aseguradas la reportan como una tarjeta de crédito normal y utilizan el depósito como garantía de pago. (Tener una bandera en tu informe que identifique tu tarjeta como una tarjeta asegurada puede dañar tu crédito en lugar de ayudarlo).

4) Averigua cuánto puedes pagar como depósito y elige una tarjeta.

Ahora que has identificado a un prestamista, averigua cuánto puedes pagar como depósito. El monto a depositar variará según el emisor, pero la mayoría comienza tan bajo como $250 y puede llegar hasta $5,000. Tu límite de crédito será el monto de tu depósito o un porcentaje superior a esa cantidad. (Ten en cuenta que una vez que realices un depósito inicial, NO PODRÁS agregar más dinero posteriormente).

5) Aprovecha al máximo tu tarjeta asegurada para construir tu calificación crediticia.

Tu objetivo principal al obtener una tarjeta asegurada es mostrarles a los acreedores que puedes pagar tus cuentas a tiempo. NO utilices la tarjeta si NO PUEDES pagar tu factura en su totalidad cada mes. Compra algunas cosas y después págalas. Asegúrate de mantenerte entre el 20% y el 30% de tu límite de crédito para mantener tu índice de uso al día. Por ejemplo, si tienes un límite de crédito de $1,000, finge que tu límite es SÓLO $300 y NUNCA gaste más de ese monto.

¡Felicidades!,¡Estás en camino hacia la libertad financiera y la deuda! Recuerda que las tarjetas de crédito aseguradas son una herramienta para reconstruir el crédito. Una vez que te hayas restablecido en el mundo crediticio, resultará importante que obtengas una tarjeta de crédito que no cobre una tarifa anual.

Paso 9: Únete a una unión crediticia

A menudo me preguntan: "¿Qué es mejor, una unión crediticia o un banco tradicional?" Honestamente, no existe algo "mejor" porque todo es cuestión de preferencia y necesidad. Sin embargo, cuando se trata de reparar tu crédito y reconstruir tu futuro financiero, una unión crediticia debe tomarse en cuenta.

Durante la gran recesión de 2008, se dieron muchas batallas: Wall Street vs. Main Street, Bancos grandes vs. Bancos pequeños, la crisis crediticia, demasiado grande como para ir a la quiebra, el movimiento mover tu dinero, Occupy Wall Street, entre muchos otros. En todas estas batallas, lo único que no se podía negar es que cada institución financiera cumplía con su propio propósito.

Entonces, ¿cuál es la diferencia entre una unión crediticia y un banco tradicional? Las principales diferencias entre los dos son la propiedad y el objetivo. Un banco tradicional es una empresa con fines de lucro propiedad de sus inversionistas y accionistas con el objetivo principal de aumentar las ganancias de los accionistas. Una unión crediticia es una organización sin fines de lucro propiedad de sus miembros (depositantes) con el objetivo principal de servir a sus miembros.

Con ello no se trata de ningún modo afirmar que los bancos tradicionales no sirvan a sus clientes. De hecho, debido a sus vastos recursos, un banco tradicional puede hacerlo mejor. Sin embargo, un banco tradicional existe para obtener ganancias. De hecho, un banco tradicional es administrado por un consejo de directores remunerados que toman todas las decisiones del banco, los cuales generalmente son impulsadas por las ganancias.

Las uniones crediticias, por otro lado, están diseñadas para servir a un grupo o comunidad en particular y, una vez más, dado que son una organización sin fines de lucro, el dinero que ganan después de pagar los costos generales beneficia directamente a los miembros. En una unión crediticia, los miembros tienen más que decir sobre la administración de la institución y ellos cuentan con el poder para decidir la junta directiva que trabajará para sus miembros.

Dicho esto, después de recuperarte de tus problemas de crédito, asegúrate de inscribirte en una unión crediticia. Es más probable que una unión crediticia te otorgue préstamos en el futuro que un banco tradicional. Debido a su estructura de ganancias, las uniones crediticias usualmente ofrecen tasas de interés más bajas en préstamos y servicios de menor costo. Cuantas más personas depositen dinero en una unión crediticia, mayores serán los beneficios para los miembros existentes. Otra ventaja es que las cooperativas de ahorro y crédito están exentas de impuestos, por lo que ese es otro conjunto de fondos que pueden utilizarse para el beneficio de sus miembros.

NOTA Independientemente de los beneficios de una unión de crédito, a menudo los bancos ofrecen una gama más amplia de servicios y resultan más accesibles para sus clientes. Mi recomendación sería el mantener una cuenta de ahorros en una unión crediticia, los cuales normalmente pagan tasas de interés más altas en cuentas de ahorro, y tener tu cuenta de cheques en un banco tradicional.

Pasos para encontrar una unión de crédito a la cual unirte:

1) Si trabajas de 9 a 5 o estás conectado de alguna manera a una organización, pregunta si está afiliada a alguna unión de crédito. De no estarlo, pregunta acerca de alguna asociación de crédito comercial para la cual pueda ser elegible.

2) Averigua si tu iglesia o templo esta afiliada a una unión de crédito, de no ser así, investiga sobre las uniones de crédito disponibles en tu localidad.

3) Realiza una búsqueda en Google o Bing sobre uniones de crédito en tu área. También puedes utilizar un sitio de búsqueda sobre uniones de crédito como www.CreditUnionsOnline.com, el cual te dará un listado de la uniones de créditos a las cuales puedes calificar.

4) Algunas uniones de crédito permiten que los miembros familiares puedan unirse. Investiga si alguien en tu familia pertenece a alguno y pregunta si la institución acepta solicitudes de miembros familiares.

Paso 10 – Sigue la regla de los 30 días

El gasto impulsivo es igual al presupuesto así como la deuda es igual a la comida frita como el refresco para la dieta. Si no entiendes esa analogía, lo que trato de decir es que el gasto impulsivo acabará con tu presupuesto y te hundirá de rodillas a la deuda. En el trayecto hacia la reparación de tu crédito y obtener la libertad financiera, deberás entender que el gasto impulsivo es tu enemigo y contrarrestará cualquier avance que hayas realizado hasta el momento.

Cuando digo gasto impulsivo, me refiero a las compras no planificadas y realizadas por impulso, ya sea al tomar la decisión de comprar otro producto o servicio o al estar expuesto a algún tipo de mensaje promocional bien elaborado.

¡Tú ya sabes cómo funciona! El gasto impulsivo es puramente emocional y está ligado a nuestro deseo básico de gratificación instantánea. Cuando nos encontramos pagando en el supermercado, vemos las revistas, los chicles, los caramelos y el chocolate listo para que decidamos comprarlos. Nos llama por nuestro nombre y no podemos resistirnos. Y ni qué decir de ese nuevo producto exclusivo que vemos en televisión y que juramos que necesitamos. O la venta que resulta demasiado buena para ser verdad y la oferta compra uno y obtén uno gratis. Ah, por cierto, y no podemos olvidar nuestros artículos importantes, como automóviles y electrodomésticos los cuales tienen un buen descuento como para no comprarlos.

Lo cierto es que el gasto impulsivo es un comportamiento científicamente estudiado que los equipos de marketing de muchas empresas minoristas estudian ampliamente. Ellos saben que la mente responde a estímulos específicos que te hacen comprar emocionalmente y sin pensar. El gasto impulsivo interrumpe nuestro proceso normal de toma de decisiones y hace que nuestro cerebro reaccione de manera distinta. La función lógica del cerebro se detiene momentáneamente y se reemplaza con un momento irracional de auto gratificación.

Al comprar un artículo por impulso, compras lo que a tu lado emocional le atrae. La mayoría de estos artículos nunca se deciden comprar por necesidad, pero de alguna forma u otra, la mente se convence de que necesita ese artículo. Nuevamente, este comportamiento te retrasará y te impedirá liberarte financieramente. La mejor manera de evitar el gasto impulsivo es establecer presupuestos antes de salir de compras, así como tomarse un tiempo antes de tomar cualquier decisión de compra. Lo anterior nos lleva a la regla de los 30 días, que no es más que un método simple para controlar el gasto impulsivo.

Pasos para seguir la regla de los 30 días:

1. La próxima vez que tus emociones te apoderen y sientas la necesidad de derrochar dinero, respira profundamente. Recuérdate a ti mismo tus objetivos y oblígate a detenerte. Incluso si ya estás en el proceso de pago con tus artículos ... ¡DETENTE y sal de la tienda!
2. Tan pronto como llegues a casa, saca un pedazo de papel y anota la fecha, el nombre del artículo, dónde lo encontraste y el costo.
3. Coloca este trozo de papel donde lo verás con frecuencia, por ejemplo, en tu calendario, refrigerador, espejo o dispositivo móvil, como un recordatorio diario.
4. Durante los próximos 30 días, averigua si realmente necesitabas (o deseabas) ese artículo, pero NO lo compres.
5. Si, al final del mes, aún lo deseas, cómpralo si es que puedes costearlo. (Bajo NINGUNA circunstancia utilices tu tarjeta de crédito para comprar dicho artículo).

¡Así de sencillo! Puede que no parezca mucho, pero te sorprenderá lo efectivo que esta técnica puede resultar. Lo bueno de esta estrategia es que no te estás negando nada, solo estarás retrasando la gratificación. Esto te da una oportunidad real para decidir realmente desde un punto de vista lógico si realmente puedes pagar dicho artículo, si realmente lo quieres y que te permite hacerlo de una manera que no acabe con tu presupuesto o te vuelva a endeudar. También te da la oportunidad de investigar el artículo en caso de que puedas encontrarlo en otro lado a un precio más económico.

Paso 11 – Automatiza tus ahorros, facturas y gasto

Albert Einstein dijo en alguna ocasión: "No podemos resolver nuestros problemas con el mismo pensamiento que utilizamos cuando los creamos". ¡Esto también aplica a nuestras acciones! Ya conoces el dicho: "Si sigues haciendo lo que siempre has hecho, seguirás obteniendo lo que siempre has conseguido". Ahora que está en el camino hacia la libertad financiera, automatizar tus finanzas es el siguiente paso que necesitarás para garantizar el éxito y eliminar cualquier recaída en el manejo irresponsable del dinero. ¿Ya confiaste en ti anteriormente y dónde te llevó? ¡A endeudarte! Y ahora que te encuentras reconstruyendo una estructura más sólida, no querrás arriesgarte a la posibilidad de regresar.

La automatización de las finanzas se me presentó por primera vez al leer el bestseller de David Bach The Automatic Millionaire. Él da consejos sobre cómo "hacerse rico lentamente" y explica la importancia de primero pagarte. Ahora llevaremos este concepto un paso más allá al introducir la automatización de tus ahorros, facturas y gastos. Este método es efectivo porque una vez configurado, ¡lo único que tendrás que hacer es gastar dinero! ¡Así de sencillo! ¡Gastar, gastar, gastar! (Supuse que te iba a gustar como sonaba esa idea).

Bien pues, así es como funciona:

1) Del presupuesto que creaste en el paso tres, determina cuánto dinero necesitas destinar para ahorros, facturas y otros gastos. Mi esposa y yo empleamos lo que se le conoce como 10/10/10. Donde el 10% de todos nuestros ingresos se destinan a ahorros, el 10% a gastos y el 10% a dar, delo cual hablaremos en el paso 12. El resto se destina a las facturas y todo lo que sobra se destina para pagar nuestra deuda. Puedes utilizar este modelo como guía o calcular los porcentajes que mejor se adapten a tu situación. Pero es IMPORTANTE que ahorres, gastes y des un porcentaje de tus ingresos. También ten en cuenta que cuando digo gastar, me refiero a gastar en lo que desees … sin restricciones. (Esto asegura que no te sientas privado y así poder disminuir el riesgo de desviarte de tu presupuesto).

2) Asegúrate de tener tres cuentas; una cuenta de ahorros y dos cuentas corrientes. Tu cuenta de ahorros deberá estar ligada a una unión crediticia o un banco de Internet como CapitalOne360, anteriormente Ing Direct. (Tener tu cuenta de ahorros en una institución financiera menos accesible ayuda a reducir la tentación de utilizar los fondos para cualquier cosa que no sea el ahorro y las emergencias). Una cuenta de cheques deberá ser para pagar facturas y la otra para cualquier otro gasto. La cuenta designada para las facturas NO DEBE estar asociada a una tarjeta de débito. Tener una tarjeta de débito hace que tu cuenta sea muy accesible.

3) Una vez que los hayas configurado, deposita tus fondos directamente a cada cuenta, respectivamente. Si tu empleador no permite depósitos separados, pide que te depositen todo a la cuenta de facturaciones (puesto que no tienes una tarjeta de débito asociada a esa cuenta) y después transfiérelos automáticamente a las demás mediante transferencias recurrentes a través del sistema de banca en línea de tu banco.

4) Desde tu cuenta de facturación, establece pagos recurrentes para el mayor número de facturas que puedas, incluidos la renta y el cable. Las facturas restantes que no se pueden automatizar porque dependen del uso, por ejemplo, la electricidad, deben pagarse a través de la banca en línea una vez que recibas la factura. Cualquier cosa que no sea una factura, pero que forma parte de tu presupuesto deberá pagarse en efectivo. Deberás ingresar al banco y realizar un SÓLO retiro por el monto designado en tu presupuesto para esos artículos específicos. Esto incluye cosas como la despensa, transporte, cortes de cabello o el salón. El dinero que está en tu cuenta de ahorros debe quedarse allí y lo que está en tu cuenta de gastos es tuyo para que lo gastes como mejor te plazca.

5) Revisa y lleva acabo este proceso mensualmente. Esto de ninguna manera es un plan donde lo haces una vez y lo dejas a un lado. ¡Para tener éxito, deberás reajustarlo según sea necesario con el objetivo final de ahorrar más y poder pagar tus deudas! En caso de que desee gastar dinero en algo específico que tu gasto del 10% no puede cubrir, asegúrate de volver a presupuestar tus gastos para hacerlo. (Nuevamente, NO debes utilizar tu tarjeta de crédito).

Paso 12 – Págalo por adelantado

Ahora que ya sabes cómo funciona FICO, por qué es importante establecer un presupuesto y cómo automatizar tus finanzas, estás en camino de alcanzar TODAS tus metas financieras. ¡Con este nuevo conocimiento adquirido, lo único que puede detenerte eresTÚ! El último paso hacia la completa libertad financiera implica un concepto que puede resultar difícil de entender. En los últimos años, muchos nuevos líderes de opinión han comenzado a escribir sobre el concepto de la Ley de la Atracción y muchos han llegado a la conclusión de que "personas similares llegan a atraerse". Al centrarte en los pensamientos positivos o negativos, producirás resultados positivos o negativos. Al centrarte en los positivos o negativos, producirás resultados positivos o negativos. ¡Así es, esa es la Ley de la atracción!

¡Yo me suscribo a este concepto al 1,000%! Hay muchos ejemplos que puedo darte, pero para hacerlo necesitaría dedicarle un libro completo. Sin embargo, lo que necesito dejarte es el concepto de "pagarlo por adelantado". Pagarlo por adelantado es como el hermano gemelo de la Ley de Atracción. ¡Es el concepto de que cuanto más das, más obtendrás! Es la versión "¡cosechas lo que siembras" pero con esteroides! La única advertencia es que SÓLO obtendrás recompensas de las entregas cuando no esperas nada a cambio, así que tenlo en cuenta al intentar este paso. Hacer el bien con la expectativa de obtener una recompensa no es realmente "hacer el bien", tendrás que ser sincero al respecto y después verás cómo cambiará tu vida.

¡No es coincidencia que las personas que dan más son las que más tienen! Así es, podrás decir que ellos tienen para dar, pero la verdad es que el dar llegó primero. Puede que no sea monetario, pero de alguna manera la generosidad de esa persona fue devuelta en abundancia. ¡Comenzando de inmediato, necesito que te acostumbres a dar! No con un motivo ulterior, sino con un corazón abierto, con alguien que NO PUEDA pagarte. ¡Tu propósito en la vida es dejar el mundo mejor de lo que lo encontraste! ¡Devuelve lo que se te ha dado y ayuda a impulsar el mundo! Tienes más poder de lo que usas y puedes ayudar a más de lo que piensas.

Este podría ser el momento en que te preguntes: "¿Y qué tiene esto que ver con arreglar mi crédito?" En cuanto a esto no te daré una respuesta directa, pero te diré que el hecho de que estés leyendo este libro significa que estás listo para llevar tu vida al próximo nivel. Para hacerlo, debes estar dispuesto a dar lo que deseas recibir. Jim Rohn dijo una vez que "Dar es mejor que recibir porque dar comienza el proceso de recepción". ¡Este concepto es la clave para una vida abundante! Comienza hoy convirtiéndose en lo mejor que puede ser.

Pasos para pagar por adelantado:

1) Presta atención a las diferentes oportunidades que tiene para ayudar a alguien. Puede ser un vecino anciano o discapacitado o la persona sin hogar que busca una comida caliente. Puede incluir el ser mentor de alguien que desea ingresar a tu mismo campo o hacer una donación anónima a tu organización benéfica favorita. Sea lo que sea, ¡existen muchas oportunidades para ayudar a diario! Solo necesitamos abrir nuestros ojos a ello.

2) Haz algo bonito para alguien que no conozcas (o que no conozcas del todo bien). Debe ser algo significativo, y para alguien SIN espera nada a cambio.

3) Si haces algo bueno por una persona y están interesados en pagarte, asegúrate de pedirles que "lo paguen por adelantado". Hágales saber que te gustaría que hicieran algo bueno para tres personas que no conocen y después pídales a esas tres personas que hagan algo bueno por otras tres personas. El objetivo es crear una epidemia de personas que ayuden a las personas solo porque sí.

4) Cuando alguien hace algo bueno por ti, asegúrate de tomar nota mental de esto en tu mente y después haz algo agradable para otras tres personas, como se describe en el paso anterior.

NOTA NUNCA detengas a alguien de hacer algo bueno por ti, ¡al hacerlo estarás bloqueando tu bendición y de vivir una vida abundante!

Prueba de repaso de conocimientos

¿Qué es un puntaje de crédito?

¿Cuáles son las calificaciones crediticias?

¿Cuáles son tus actuales puntuaciones de crédito?

¿Quiénes son los tres proveedores de puntaje de crédito?

¿Qué factores influyen en tu puntuación de crédito?

¿Cómo te afecta tu puntuación de crédito?

¿Qué es un buen puntaje de crédito?

¿Cómo puedes mejor tu puntuación de crédito?

NOTAS

Recursos

Las agencias de buró de crédito (los tres grandes)

Los tres principales burós de crédito en los Estados Unidos son Experian, Equifax y TransUnion (mejor conocidas como las tres grandes).

Direcciones de los buros de crédito

Experian

P.O. Box 2002

Allen, TX 75013

Equifax Credit Information Services, Inc.

P.O. Box 740256

Atlanta, GA 30374

TransUnion, LLC

P.O. Box 2000

Chester, PA 19022

Números de teléfono de contacto de los burós de crédito

Experian

(888) 397-3742

Equifax

(800) 685-1111

TransUnion, LLC

(800) 888-4213

Solicita tu informe de crédito

Además del informe de crédito GRATUITO al que tiene derecho anualmente en **www.AnnualCreditReport.com**, también puede obtener un informe GRATUITO si le han negado crédito, empleo o seguro en los últimos 60 días. Asegúrate de solicitar solo el informe de crédito.

- **Equifax** 1-800-685-1111 - Te lo enviarán por correo dentro de las 48 horas.
- **TransUnion** 1-800-888-4213: Lo recibirás dentro de 6 a 8 días hábiles.
- **Experian** 1-888-397-3742: Lo recibirás dentro de 8 a 10 días hábiles.

Sitios web útil

www.AnnualCreditReport.com - Este sitio central te permite solicitar una divulgación gratuita de un archivo de crédito, comúnmente conocido como reporte de crédito, una vez cada 12 meses de cada una de las compañías de informes crediticios del consumidor a nivel nacional: Equifax, Experian y TransUnion.

AnnualCreditReport.com es el sitio oficial para ayudar a los consumidores a obtener su informe de crédito gratuito.

www.MyFico.com: Obtén el puntaje que los prestamistas utilizan más, de la compañía que lo inventó. myFICO te proporciona acceso inmediato a tu puntaje FICO e informe de crédito en línea.

www.TransUnion.com - Protección total del crédito, todo en un solo lugar, desde alertas de crédito, informes de crédito y puntajes de crédito. Obtén tu puntaje de crédito gratis hoy en TransUnion, The Source!

www.Equifax.com - Obtén tu informe y puntaje de crédito de Equifax. Controla tu crédito y ayuda a proteger tu identidad con la protección contra el robo de identidad de Equifax.

www.Experian.com - Verifica tu informe de crédito y puntaje de crédito con soporte gratuito, informes de crédito comercial, protección contra robo de identidad y soluciones de marketing - Experian Sitio oficial.

www.AskAshCash.com - La sección de preguntas y respuestas oficial del experto financiero Ash Cash.. Si tienes cualquier pregunta, puedes enviarle un correo a Ash Cash a Questions@IamAshCash.com

National Foundation for Credit Counseling (www.NFCC.org) - La organización de asesoría financiera más grande del país, la red de agencias miembro de NFCC incluye más de 700 oficinas comunitarias ubicadas en los 50 estados y Puerto Rico. Más de 3 millones de consumidores reciben anualmente asesoramiento financiero y educación de las agencias miembro de la NFCC en persona, por teléfono o en línea. **Para localizar una agencia miembro de NFCC en tu área llama al 800-388-2227. Para ayuda en Español llama al 800-682-9832**.

Glosario de términos de crédito

A

Acción civil: Cualquier acción judicial contra un consumidor para recuperar dinero para otra persona. Por lo general, será una asignación de salario, una sentencia de manutención infantil, un fallo de reclamos menores o un juicio civil.

Acordar: Llegue a un acuerdo con un prestamista para pagar solo una parte de la deuda original.

Ajuste: Porcentaje de la deuda que se reembolsará a los otorgantes de crédito en una bancarrota del Capítulo 13.

Alerta de Seguridad: Declaración que se agrega una vez que se notifica a un buró de crédito que un consumidor puede ser víctima de fraude. Permanece archivado durante 90 días y solicita que un acreedor solicite una prueba de identificación antes de otorgar el crédito a nombre de esa persona.

Asignación de sueldo: Un acuerdo firmado por un comprador o prestatario, que permite a un acreedor cobrar una cierta porción de los salarios del deudor a un empleador en caso de incumplimiento.

Anulado: Indica un juicio que se anuló

Artículos Potencialmente Negativos: Cualquier partida de crédito o registros públicos potencialmente negativos que puedan tener un efecto sobre la solvencia crediticia según los acrediten.

Aviso de resultados: Si la investigación da como resultado que la información esta siendo actualizada o eliminada, podrás solicitar que enviemos la información corregida en tu historial crediticio a otorgantes de crédito elegibles y empleadores que revisaron tu información dentro de un período de tiempo específico. Si tu investigación no da como resultado un cambio en tu historial crediticio, los resultados no se enviarán a otros prestamistas.

Tasa de porcentaje anual (APR): Una medida de cuánto le costará el interés, expresado como un porcentaje anual.

B

Balance alto: La cantidad más alta que debe en una cuenta hasta la fecha.

Balance Reciente: El saldo más reciente adeudado en una cuenta según lo informado por el acreedor.

C

Capacidad: Factor en determinar solvencia. La capacidad se evalúa ponderando la capacidad de ingresos del prestatario y la probabilidad de ingresos continuos contra el monto de la deuda que el prestatario lleva en el momento en que se realiza la solicitud de crédito. Si bien la capacidad puede ser considerada en una decisión de crédito, el informe de crédito no contiene información sobre la capacidad de ganar o la probabilidad de continuar con los ingresos.

Capítulo 7 Bancarrota: Capítulo del Código de Bancarrota que proporciona la liquidación administrada por el tribunal de los activos de una persona o negocio con problemas financieros.

Capítulo 11 Bancarrota: Capítulo del Código de bancarrota que generalmente se utiliza para la reorganización de un negocio con problemas financieros. Se usa como una alternativa a la liquidación bajo el Capítulo 7. La Corte Suprema de los Estados Unidos ha sostenido que una persona también puede usar el Capítulo 11.

Capítulo 12 Bancarrota: Capítulo del Código de Bancarrota adoptado para abordar la crisis financiera de la comunidad agrícola de la nación. Los casos bajo este capítulo se administran como casos del Capítulo 11, pero con protecciones especiales para cumplir con las condiciones especiales de las operaciones agrícolas familiares.

Capítulo 13 bancarrota: Capítulo del Código de Bancarrota en el cual los deudores reembolsan deudas de acuerdo con un plan aceptado por el deudor, los acreedores y el tribunal. Los pagos del plan generalmente provienen de los ingresos futuros del deudor y se pagan a los acreedores a través del sistema judicial y el síndico de bancarrota.

Cantidad de reclamo: La cantidad otorgada en una acción judicial.

Cargo por financiamiento: Monto de interés Los cargos financieros generalmente se incluyen en el total del pago mensual.

Código de bancarrota: Las leyes federales que rigen las condiciones y procedimientos bajo los cuales las personas que reclaman incapacidad para pagar sus deudas pueden buscar alivio.

Cuentas en buen estado: Los artículos de crédito que tienen un estado positivo y deben reflejar favorablemente tu solvencia crediticia.

Cuota anual: Los emisores de tarjetas de crédito a menudo (pero no siempre) requieren que pagues un tarifa anual por el uso de su servicio, generalmente entre $ 15 y $ 55.

Coproductor: A veces se requiere un coproductor solvente en situaciones donde las calificaciones de un solicitante son marginales. Un co-productor es legalmente responsable de pagar los cargos en el acuerdo de cuenta conjunta.

Codeudor: Persona que se compromete por escrito como parte de un contrato de crédito para pagar la deuda si el prestatario no lo hace. La cuenta se muestra en los informes de crédito del prestatario y el codeudor.

Crédito sin garantía: Crédito por el cual no se ha prometido ninguna garantía. Los préstamos realizados bajo este acuerdo a veces se llaman préstamos de firma; en otras palabras, se concede un préstamo basado solo en las palabras del cliente, mediante la firma de un acuerdo de que se pagará el monto del préstamo.

Costos de transacción: Cargos cobrados por cierto uso de su línea de crédito, por ejemplo, para obtener un anticipo en efectivo de un cajero automático.

Cuenta Revolvente: Crédito disponible automáticamente hasta un límite máximo predeterminado siempre que el cliente haga pagos regulares.

Crédito para la instalación: Cuentas de crédito en las que la deuda se divide en cantidades que se pagarán sucesivamente a intervalos específicos.

Código geográfico: Esta información se recibe de la Oficina del Censo y representa al estado, el Área Estadística Metropolitana, el condado, el área y el grupo de cuadras de la dirección informada. Este código es similar a un código postal.

D

Declaración específica del artículo: Ofrece una explicación sobre un artículo comercial o de registro público en particular en su informe, y se muestra con ese artículo en el informe de crédito.

Declaración de la víctima: Una declaración que se puede agregar al reporte de crédito del consumidor para alertar a los otorgantes de crédito de que la identificación del consumidor se ha utilizado de manera fraudulenta para obtener crédito. La declaración solicita al otorgante del crédito que se comunique con el consumidor por teléfono antes de emitir el crédito. Permanecerá en el archivo durante 7 años a menos que el consumidor solicite que se elimine.

Demandante: Uno que inicialmente inicia acciones legales contra otro (demandado) que busca una decisión judicial.

Descargo: Concedido por el tribunal para liberar a un deudor de la mayoría de sus deudas que se incluyeron en una quiebra. Las deudas no incluidas en la quiebra (pensión alimenticia, pensión alimenticia, responsabilidad por conducta dolosa y maliciosa y ciertos préstamos estudiantiles) no se pueden dar de baja.

Derecho de retención: Documento legal utilizado para crear un interés de seguridad en la propiedad de otro. A menudo se otorga un gravamen como garantía para el pago de una deuda. Se puede imponer un gravamen contra un consumidor por no pagarle al gobierno de la ciudad, condado, estado o gobierno federal el dinero que se le debe. Significa que la propiedad del consumidor se utiliza como garantía durante el reembolso del dinero que se debe.

Declaración personal: Podrás solicitar que se agregue a tu informe una explicación general sobre la información en tu informe. La declaración permanece durante dos años y se muestra a cualquiera que revise tu información de crédito.

Desechado: Cuando un consumidor se declara en bancarrota, el juez puede decidir no permitir que el consumidor continúe con la bancarrota. Si el juez falla en contra de la petición, la quiebra se conoce como desechada.

Divulgación: Proporcionar al consumidor su historial de crédito según lo requerido por la FCRA. Las oficinas de crédito brindan divulgaciones de informes de crédito del consumidor a través de Internet, por parte de los EE. UU. Por correo o a veces en persona.

Disputa: Si un consumidor cree que un elemento de información en su informe de crédito es incorrecto o está incompleto, puede impugnar o disputar el artículo. Los burós de crédito investigarán y corregirán o eliminarán cualquier información inexacta o información que no pueda ser verificada. Los burós de crédito brindan a los consumidores la opción de disputar en línea o pueden llamar al número de teléfono sobre su informe de crédito para obtener ayuda.

E

ECOA: Abreviatura estándar de la Ley de Igualdad de Oportunidades de Crédito.

Elementos o ítems del crédito Información reportada por acreedores actuales o pasados.

Equifax Una de las tres agencias nacionales de informes de crédito, con sede en Atlanta, Georgia. Los otros dos son Experian y Equifax.

Estado de cuenta: Indica el estado actual de la cuenta, pero no indica el historial de pago de la cuenta que condujo al estado actual. (es decir, abierto, pagado, cancelado, por reposesión, liquidado, ejecutado, etc.).

Experian Una de las tres agencias nacionales de informes crediticios, con sede en los Estados Unidos en Costa Mesa, California. Los otros dos son Equifax y TransUnion.

Estado de: El estado actual o el estado de la cuenta en el reporte de crédito.

Estado de pago: Refleja el historial anterior de la cuenta, incluida cualquier morosidad o condiciones peyorativas que ocurrieron durante los siete años anteriores (es decir, cuenta corriente, moroso 30, actual era 60, recuperación rescatada, cancelación de cargo, ahora paga, etc.)

F

Fecha de presentación: La fecha en que se otorgó un registro público.

Fecha de estado: En el informe de crédito, se refiere a la fecha en que el acreedor informó por última vez sobre la cuenta.

Fecha de cese: La fecha en que se cerró una cuenta.

Fecha de apertura: En el informe de crédito, indica la fecha en que se abrió una cuenta.

Fecha resolución: La fecha de finalización o la fecha de satisfacción de un elemento del registro público.

Fecha más reciente: La fecha de la condición de cuenta reciente o estado de pago. Esta fecha es también la fecha de saldo.

Fuente: La empresa u organización que proporcionó cierta información que aparece en el reporte de crédito.

G

Garante: Persona responsable de pagar una factura.

I

Incobrable: Acción de transferir cuentas consideradas incobrables a una categoría como deuda incobrable o pérdida. Por lo general, los cobradores seguirán solicitando pagos, pero las cuentas ya no se consideran parte de la imagen por cobrar o ganancias de una compañía.

Investigación: El proceso por el cual pasa una agencia de informes crediticios del consumidor para verificar la información del informe crediticio cuestionada por un consumidor. Se contacta al otorgante del crédito que proporcionó la información y se le pide que revise la información e informe; le dirán a la agencia de informes crediticios que la información es precisa tal como aparece, o le darán la información corregida para actualizar el informe.

Informes de investigación del consumidor: Estos son informes del consumidor que generalmente se realizan para verificaciones de antecedentes, autorizaciones de seguridad y otros trabajos confidenciales. Un informe de investigación del consumidor puede contener información obtenida de un informe de crédito, pero es más completo que un informe de crédito. Contiene material subjetivo sobre el carácter, los hábitos y el modo de vida de un individuo, que se obtiene a través de entrevistas con asociados. Los burós de crédito no brindan informes de investigación del consumidor.

Información personal: Información sobre tu informe de crédito personal asociado con sus registros que tu, tus acreedores y otras fuentes nos han informado a nosotros. Puede incluir variaciones de nombre, el número de tu licencia de conducir, las variaciones en el número de seguro social, tu fecha o año de nacimiento, el nombre del cónyuge, los empleadores, números de teléfono e información sobre tu residencia.

L

Límite de crédito/línea de crédito: En crédito de extremo abierto, la cantidad máxima que un prestatario puede aprovechar o el máximo que una cuenta puede mostrar como pendiente.

Ley de crédito y divulgación de tarjetas de crédito: Las enmiendas a la Ley de Verdad en Préstamos que requieren la divulgación de los costos involucrados en los planes de tarjetas de crédito que se ofrecen por correo, teléfono o aplicaciones distribuidas al público en general.

Ley de Igualdad de Oportunidades de Crédito (ECOA): La ley federal, que prohíbe a los acreedores discriminar contra los solicitantes de crédito con base en el sexo, el estado civil, la raza, el color, la religión, la edad y / o la recepción de asistencia pública.

Ley de Verdad en Préstamos: Título I de la Ley de Protección al Consumidor. Requiere que la mayoría de las categorías de prestamistas revelen la tasa de interés anual, el costo total en dólares y otros términos de préstamos y ventas de crédito.

Ley de Facturación Justa de Créditos: Legislación federal que proporciona un procedimiento de resolución de error específico para proteger a los clientes de tarjetas de crédito de realizar pagos en facturas inexactas.

Ley de Informe Justo de Crédito (FCRA): La legislación federal que rige las acciones de las agencias de informes de crédito.

Ley de prácticas justas de cobro de deudas (FDCPA): Legislación federal que prohíbe las prácticas de cobro de deudas abusivas e injustas.

Línea de crédito: En crédito de extremo abierto, la cantidad máxima que un prestatario puede aprovechar o el máximo que una cuenta puede mostrar como pendiente.

Liberado: Esto significa que un derecho de retención ha sido satisfecho en su totalidad.

M

Mandamiento de reivindicación: Documento legal emitido por un tribunal que autoriza la recuperación de la seguridad.

Monto de obligación: Monto por el cual estás legalmente obligado a un acreedor.

Modelos de Puntuación de Riesgo: Una determinación numérica de la solvencia del consumidor. Herramienta utilizada por los otorgantes de crédito para predecir el comportamiento de pago futuro de un consumidor.

Monto original: El monto original adeudado a un acreedor.

Morosidad: Cuentas clasificadas en categorías según el tiempo vencido. Las clasificaciones comunes tienen 30, 60, 90 y 120 días de retraso. Las clasificaciones especiales también incluyen incobrable, reposesión, transferencia, etc.

N

Número de cuenta: El número único asignado por un acreedor para identificar tu cuenta con ellos. Algunas agencias de crédito eliminan varios dígitos de cada número de cuenta en el informe de crédito como una medida de prevención de fraude.

Número de identificación de hipoteca (MIN): Indica que un préstamo está registrado en Mortgage Electronic Registration Systems Inc., que rastrea la propiedad de los derechos de la hipoteca. Este número le dará seguimiento al propietario durante toda la hipoteca.

Número de Reporte: El número que identifica cada reporte de crédito personal. Este número se muestra en el informe de crédito personal y siempre se debe hacer referencia cuando se comunique con el buró de crédito.

Número de ubicación: El libro y el número de página en el que se archiva el artículo en los registros judiciales.

O

Obsolescencia: Un término utilizado para describir cuánto tiempo la información negativa debe permanecer en un archivo de crédito antes de que no sea relevante para la decisión de concesión de crédito. La FCRA ha determinado que el período de obsolescencia es de 10 años en caso de quiebra y 7 años en todas las demás instancias. Los embargos fiscales no pagados pueden permanecer indefinidamente, aunque algunos agencias de crédito los eliminan después de un cierto período de tiempo determinado por el buró.

Optar en: La capacidad de un consumidor que ha optado por que su nombre se vuelva a agregar a las listas de ofertas de crédito y seguro preestablecidos, listas de marketing directo y listas de servicios de referencia individuales. Los consumidores que previamente han optado por no recibir ofertas preelegidas pueden agregar sus nombres a listas preseleccionadas para ofertas de crédito y seguro llamando al 1 888 5OPTOUT (1 888 567 8688).

Optar por no: La capacidad del consumidor para notificar a las agencias de informes de crédito, a los marketers directos y a los compiladores de listas para que eliminen tu nombre de todas las listas futuras. Los consumidores pueden optar por excluirse de las listas de oferta de crédito y seguro pre escaneados llamando al 1 888 5OPTOUT (1 888 567 8688).

P

Pagos Globales: Un préstamo con un pago global requiere que se realice un único pago al final del préstamo.

Pago Reciente: El saldo más reciente pagado en una cuenta según lo informado por el acreedor.

Puntaje de crédito Herramienta utilizada por los otorgantes de crédito para proporcionar un medio objetivo para determinar los riesgos al otorgar crédito. La calificación crediticia aumenta la eficiencia y la respuesta oportuna en el proceso de otorgamiento de crédito. El otorgante del crédito establece los criterios de calificación crediticia.

Período de gracia: El período de tiempo que tiene que pagar una factura en su totalidad y evitar los cargos por intereses.

Propósitos permitidos: Existen propósitos permitidos legalmente definidos para que un informe de crédito se emita a un tercero. Los propósitos permitidos incluyen transacciones de crédito, fines de empleo, suscripción de seguros, leyes de responsabilidad financiera del gobierno, órdenes judiciales, citaciones, instrucciones escritas del consumidor, necesidades comerciales legítimas, etc.

Petición: Si un consumidor se declara en bancarrota, pero un juez aún no ha dictaminado que puede proceder, se conoce como solicitud de quiebra.

Q

Quiebra voluntaria: Si un consumidor se declara en bancarrota por su cuenta, se conoce como bancarrota voluntaria.

R

Registros Públicos: Incluido como parte del informe de crédito, esta información se limita a gravámenes fiscales, juicios y sentencias que se relacionan con las obligaciones de deuda del consumidor.

Reportado desde: En el reporte de crédito, se indica la fecha en que el acreedor comenzó a reportar la cuenta al buró de crédito.

Reporte de crédito: Informe confidencial sobre los hábitos de pago de un consumidor según lo informado por sus acreedores a una agencia de informes crediticios del consumidor. La agencia proporciona la información a los otorgantes de crédito que tienen un propósito permitido según la ley para revisar el informe.

Recuperación de: Cuando un acreedor toma posesión de la propiedad prometida como garantía en un contrato de préstamo en el que un prestatario se ha retrasado significativamente en los pagos.

Requerimiento una investigación: Si se cree que la información en el informe es inexacta, las agencias de crédito pedirán a las fuentes de la información que verifiquen los registros sin costo. La información incorrecta será corregida; la información que no se puede verificar se eliminará. Una investigación puede tardar hasta 30 días. Cuando haya finalizado, los resultados serán enviados.

Requerimiento de su Historial de Crédito: Cuando un otorgante de crédito, un comercializador directo o un potencial empleador solicitan información del informe de crédito del consumidor, se muestra una consulta en el reporte. Los otorgantes solo ven las solicitudes de crédito generadas por otros otorgantes como resultado de una solicitud de algún tipo, mientras que los consumidores ven todas las consultas enumeradas, incluidas las ofertas de mercadeo directo y pre evaluado, así como las consultas de empleo. De acuerdo con la Ley de Informes Crediticios Justos, los otorgantes de créditos con un propósito permitido pueden consultar sobre su información de crédito antes de tu consentimiento. Esta sección también incluye la fecha de la consulta y cuánto tiempo permanecerá la consulta en tu informe.

Responsabilidad: Indica quién es responsable de una cuenta; puede ser individual, conjunta, cofirmante, etc.

Recaudadores terceros: Recaudadores que están bajo contrato para cobrar deudas por un departamento de crédito o compañía de crédito; agencia de cobros.

Retirado: Esto significa que se tomó la decisión de no buscar una quiebra, un gravamen, etc. después de que se hayan presentado los documentos judiciales.

S

Servicio de Asesoramiento de Crédito al Consumidor: Una organización sin fines de lucro que ayuda a los consumidores a lidiar con sus problemas de crédito. Servicio de Asesoramiento de Crédito al Consumidor tiene oficinas en todo Estados Unidos que se pueden localizar llamando al 800 388 CCCS (2227).

Solvencia: La capacidad de un consumidor para recibir consideración y aprobación favorable para el uso de crédito de un establecimiento al que decide solicitar.

Satisfecho: Si el consumidor ha pagado todo el dinero que el tribunal dice que debe, el artículo del registro público está satisfecho.

Seguro Crédito: Préstamo para el cual se ha prometido alguna forma de garantía aceptable, como una casa o un automóvil.

Seguridad: Bienes inmuebles o personales que un prestatario promete por el plazo de un préstamo. Si el prestatario no paga, el acreedor puede tomar posesión de la propiedad siguiendo los procedimientos legalmente obligatorios.

Servicio de Crédito: Acuerdos con proveedores de servicios. Recibe bienes, como electricidad y servicios, como alquiler de apartamentos y membresías de clubes de salud, con el acuerdo de que pagará por ellos cada mes. Su contrato puede requerir pagos por un número específico de meses, incluso si detiene el servicio.

Sentencia otorgada: La determinación de un tribunal sobre asuntos que se le han dirigido. Una determinación final de los derechos de las partes involucradas en la demanda.

T

Tasa fija: Una tasa de porcentaje anual que no cambia.

Tasa Variable: Una tasa de porcentaje anual que puede cambiar con el tiempo a medida que varía la tasa de interés principal o de acuerdo con tu contrato con el prestamista.

Términos: Esto se refiere a los términos de pago de la deuda de su acuerdo con un acreedor, como 60 meses, 48 meses, etc.

Tradeline o Línea de Comercio: Entrada de un otorgante de crédito al historial de crédito del consumidor mantenido por una agencia de informes crediticios. Una línea comercial describe el estado y la actividad de la cuenta del consumidor. La información de la línea de comercio incluye nombres de compañías donde el solicitante tiene cuentas, fechas de apertura de cuentas, límites de crédito, tipos de cuentas, saldos adeudados e historiales de pagos.

TransUnion: Una de las tres agencias nacionales de reportes de crédito. Los otros dos son Experian y Equifax.

Tipo: Esto se refiere al tipo de contrato de crédito realizado con un acreedor; por ejemplo, una cuenta revolvente o un préstamo a plazos.

U

Último reporte En el informe de crédito, se refiere a la fecha en que el acreedor informó por última vez sobre la cuenta.

Usuario autorizado: Persona autorizada por un titular de tarjeta de crédito para cargar bienes y servicios en la cuenta del titular de la tarjeta, pero que no es responsable del reembolso de la deuda. La cuenta se muestra en los informes de crédito del titular de la tarjeta, así como del usuario autorizado. Si deseas que tu nombre se elimine permanentemente como usuario autorizado en una cuenta, deberás notificar al otorgante del crédito.

Usuario final: La empresa que recibe el informe para la toma de decisiones y que cumple con los requisitos de propósito permisibles de la FCRA.

V

Verificación: Verificar si los datos en un reporte de crédito son correctos o no. Iniciado por consumidores cuando cuestionan cierta información en tu archivo. Las agencias de informes crediticios aceptarán documentación auténtica del consumidor que ayudará en la verificación.

SOBRE EL AUTOR

Exantus Fresno también conocido como ASH CASH es un orador motivacional, consultor, educador de educación financiera y el autor del bestseller, Mente en orden, Dinero en orden (Mind Right, Money Right) en Amazon.com. 10 Leyes Financieras Freedom, as well as Taylor's Way: Life Lesson Through The Eyes of a Three Year Old. Ash Cash viaja por el mundo ayudando a la gente común a recuperar sus vidas en orden, ya sea que necesiten asesoramiento financiero o un poco de motivación a través de su forma especial de transmitir lecciones de vida. Como banquero profesional durante más de 10 años, ha dirigido y administrado sucursales para algunos de las mayores instituciones en el mundo, controlando más de $400 millones de dólares en depósitos a lo largo de su carrera. Durante su servicio como ejecutivo bancario, Ash Cash ha ayudado a innumerables personas a recuperar sus vidas financieras - desde crédito hasta propiedad de vivienda, jubilación, banca e inversiones. Y como un profesional certificado de FICO (FICO PRO, una designación nacional), Ash Cash tiene un fuerte conocimiento de decenas de puntajes FICO® y cómo impactan tanto al prestamista como al consumidor.

Otros pueden conocer Ash Cash por su columna de motivación titulada "The Daily Word", que llega a miles de personas diariamente a través de su propio comunicado- por correo electrónico, así como en asociaciones con sitios web internacionales de alto tráfico tales como AllHipHop.com y Global14.com, entre otros. Su versión en audio de "The Daily Word" ha cosechado más de 60.000 escuchas y llega a escucharse con frecuencia en más de 39 países. Ash Cash también presta su experiencia como experto en finanzas personales y escritor colaborador de AllHipHop.com, RadioOne, The Huffington Post/Black Voices, y sitio de Internet TheGrio.com afiliado de MSNBC Ha aparecido en los populares, medios nacionales como Hot97FM y WBLS 107.5FM en Nueva York, sindicado a nivel nacional Café Mocha Radio, CNN, Black Enterprise Magazine, Essence Magazine, Rolling Out, The Atlanta Post, y muchos otros.

Ash Cash es el orgulloso fundador de T.E.A.M.. F.R.E.S.H. (Tomando cada medida amistosa para que financieramente pueda reeducar a cada espectro de la humanidad), un programa que funciona con las escuelas, correccionales, iglesias y organizaciones basadas- en la comunidad, para enseñar destrezas de Alfabetización Financiera y Emprendimiento a jóvenes en riesgo en entornos urbanos. También sirve en la Junta de directores para la Fundación Egipto Cuida Familia, una organización sin- fines de lucro fundada por TV Host y Radio Personality, Egypt Sherrod. Y además, es tesorero y miembro de la junta de Harlem Cares Mentoring Movement, una filial de National Cares Mentoring Movement fundada por Susan Taylor, ex editora- en - jefe de Essence Magazine, y también miembro de la junta asesora de varias organizaciones sin fines de lucro en todo el país.

Sobre todas sus credenciales, elogios y títulos, Ash Cash es simplemente conocido por hacer sentir a la gente mejor. Disfruta completamente de su vida en el área metropolitana de Nueva York, donde trabaja tan bien como reside con su esposa y su hija pequeña. Para obtener más información sobre los métodos únicos de Ash Cash para enseñar Prosperidad y Propósito, visite **www.IamAshCash.com**

También disponible por Ash Cash

Mind Right, Money Right: 10 Laws of Financial Freedom, es un libro diseñado para enseñarte cómo administrar tus finanzas personales de manera efectiva. Te muestra cómo tener la actitud mental correcta y con un enfoque nítido con láser, puedes tener todo lo que deseas en la vida. Es un libro fácil de leer que cualquiera, en cualquier nivel, puede entender. El objetivo del libro es enseñarte estas 10 Leyes de Libertad Financiera comprobadas utilizando las historias de hombres y mujeres ricos que las han utilizado. Este libro está especialmente dirigido a cualquier persona que esté cansada de tener una dependencia con el dinero y está lista para tomar algunas medidas prácticas para corregirlo. El dinero es poder, pero saber cómo hacer que funcione para ti es libertad; Mind Right, Money Right te enseñará cómo hacerlo.

Alguna vez has pasado tiempo observando a un niño o grupo de niños y cómo llevan a cabo sus jóvenes vidas? Lo único que notarás de inmediato es que viven la vida siguiendo sus instintos. Son entusiastas, siempre ansiosos por aprender, curiosos, valientes, y probarán casi cualquier cosa sin dudarlo. Estas características y más son todas las claves de la felicidad, pero desafortunadamente a medida que hacemos la transición de la niñez a la adultez, reemplazamos estos instintos naturales con lo que los adultos llaman "realidad". Mientras veía crecer a mi hija Taylor, comencé a darme cuenta de que no había sido contaminada por nuestras ideas de "realidad" y, como resultado, siempre estaba feliz y tendía a obtener todo lo que quería de la vida sin esfuerzo. ¿No es eso lo que todos queremos de nuestras vidas? En las siguientes páginas leerás en detalle las valiosas lecciones que aprendí de mi hija de tres años. Cada capítulo ilustra a través de los ojos de un niño cómo puedes vivir una vida más feliz de la manera en que fue ¡pensada para ti! ¡La vida es abundante! ¡La vida es agradable! ¡La vida es exactamente como la imaginas en tus sueños más salvajes! ¡Hoy es el día que regresas a esa esencia!

Ask Ash Cash Volumen 1 es una serie de preguntas en DVD realizadas por personas que desean obtener asesoramiento financiero. Con más de 14 años de trabajar en la banca en su haber, Ash'Cash tiene la misión de reeducar financieramente cada espectro de la humanidad.

PRÓXIMAMENTE

Mind Right Money Right for Teens, es el libro más nuevo de la exitosa serie de Ash'Cash sobre cómo administrar y hacer crecer tu dinero de forma adecuada mediante el proceso de pensamiento correcto. Este libro no sólo te da secretos de dinero que van a cambiar tu vida ahora, las lecciones de este libro te ayudarán a cambiar tu vida para siempre y te darán la libertad financiera que mereces. Basado en la historia de un joven millonario llamado Ben Frank, este libro te mostrará:

-Cómo utilizar tu confianza para obtener todo lo que quieras en la vida.

-Cómo hacerte rico ahorrando e invirtiendo tu dinero sabiamente.

-Por qué es importante trabajar para aprender, no para ganar.

-Y por qué renunciar no siempre es malo.

Si estás interesado en comprar pedidos al por mayor de cualquiera de los libros anteriores, llama al 877-853-0493 o escribe a: 1Brick Publishing C/O Ash Cash Enterprises, LLC - P.O. Box 2717, New York, NY 10027

Made in the USA
Monee, IL
04 November 2026

67386978R00075